가장 쉬운 여행 영어

조현덕 지음

동양북스

지은이 조현덕

현) YBM 종로 〈조현덕의 미쓰영〉 강사
현) EBS랑 〈World News〉 강사
현) CLS Education 대표
전) 파고다어학원 리스닝 · 스피킹 훈련 강사
전) 정철어학원 뉴스청취 강사

University of London, Royal Holloway BA Degree
University of London, SOAS International Diploma
Thames Valley University, London MBA Modules Completed

'프로듀스 EBS랑 대국민 강사 오디션' 최종 우승 1위
한국 토익 위원회 주관 '대학생을 위한 진로 탐색' 강의
기업체 출강 '직장인을 위한 영어 공부법' 강의

네이버 오디오 클립 '미쓰영' 연재
네이버 카페 '미쓰영: 미국·영국인이 쓰는 영어' 운영
https://cafe.naver.com/doctorclinic
영국 런던 생활 11년의 이중언어 사용자

초판 1쇄 인쇄 | 2022년 10월 1일
초판 3쇄 발행 | 2024년 4월 10일

지은이 | 조현덕
발행인 | 김태웅
책임편집 | 권민서
디자인 | 남은혜, 김지혜
일러스트 | 하리(HARI)
마케팅 총괄 | 김철영
제작 | 현대순

발행처 | (주)동양북스
등 록 | 제 2014-000055호
주 소 | 서울시 마포구 동교로22길 14 (04030)
구입 문의 | 전화 (02)337-1737   팩스 (02)334-6624
내용 문의 | 전화 (02)337-1763   dybooks2@gmail.com

ISBN   979-11-5768-613-1   13740

머리말

#첫여행 #공항 #여권 #비행기는 누구에게나 입가에 미소를 짓게 만들고 가슴을 설레게 하는 마법의 단어임이 분명합니다. 책을 쓰며 처음 영국으로 향했던 기억들이 하나둘씩 떠올라 행복했습니다. 그해 겨울 유학길에 오르며 공항에서 느꼈던 그 설렘은 세월이 흘러도 바로 엊그제 일처럼 생생하게 느껴집니다.

비행기를 처음 탔던 그 날, '어떤 기내식이 나올까?', '음료는 더 달라고 하면 줄까?' 모든 게 즐겁고 궁금했던 순간이었습니다. 그리고 12시간의 비행이 끝나고 창 너머로 영국의 집들이 보이기 시작하니 내가 드디어 한국을 떠나 외국에 왔다는 걸 실감하게 되었습니다. 하지만 그 기쁨도 잠시 영국 사람들의 말에 제대로 대답조차 하지 못하는 저 자신을 보며 '왜 좀 더 영어를 준비해서 오지 않았을까…'하는 후회가 들기 시작했습니다.

여행은 계획하는 순간부터 여행의 시작이라는 말이 있듯이 여러분은 준비 없이 무작정 해외로 나가지 마시고 가시기 전에 이 한 권의 책으로 미리 영어 공부를 하셔서 즐거운 여행길을 떠나셨으면 합니다. 어떤 분들은 이렇게 말하지요. "선생님, 저는 아무리 영어를 배워도 잘 늘지도 않고 영어가 무서워요." 하지만 걱정하지 마세요.

"If you believe, anything's possible!"

나는 해도 안 된다는 생각은 오늘부터 저 멀리 던져 버리시고 열심히 공부하셔서 즐거움이 함께하는 행복한 여행길 되시기를 바랍니다.

그리고 마지막으로 여러분에게 제가 해드리고 싶은 이야기는 해외에서의 영어는 시험이 아닌 소통입니다. 입에서 나오는 문장이 문법적으로 조금 틀려도 뭐라고 하는 사람이 아무도 없으니 자신감을 가지고 당당히 말해 보세요. 어느새 여행을 즐기고 있는 자신을 만날 수 있을 거예요. 여러분이 믿는다면, 안 되는 건 없으니까요.

그리고 끝으로 영국 생활 11년 동안의 기억을 소환할 수 있게 기회를 만들어 주신 동양북스와 책을 쓰는 데 도움을 주신 우미경 님, 그리고 소중한 시간을 내어 이 책으로 공부하시는 모든 분께 진심으로 감사드립니다.

3

8주 완성! 학습 스케줄

WEEK 1

1일	PART 01 미리 배우는 필수 여행단어	01. 공항에서 02. 기내에서
2일	PART 01 미리 배우는 필수 여행단어	03. 교통수단 04. 숙소에서
3일	PART 01 미리 배우는 필수 여행단어	05. 식당에서 06. 관광하기
4일	PART 01 미리 배우는 필수 여행단어	07. 쇼핑하기 08. 긴급 상황
5일	PART 02 기본 표현	01. 기본 인사
6일	PART 02 기본 표현	02. 감정 표현

WEEK 2

7일	PART 02 기본 표현	03. 숫자와 시간
8일	PART 02 기본 표현	04. 날짜와 화폐
9일	PART 03 출발	01. 자리 찾기
10일	PART 03 출발	02. 기내 서비스 이용
11일	PART 03 출발	03. 입국 심사
12일	PART 03 출발	04. 공항 안내소

WEEK 3

13일	PART 04 교통수단	01. 지하철
14일	PART 04 교통수단	02. 버스
15일	PART 04 교통수단	03. 택시
16일	PART 04 교통수단	04. 기차
17일	PART 05 숙소	01. 예약 및 체크인
18일	PART 05 숙소	02. 시설 이용

WEEK 4

19일	PART 05 숙소	03. 문제 해결
20일	PART 05 숙소	04. 체크아웃
21일	PART 06 식당 I	01. 예약 및 자리 문의
22일	PART 06 식당 I	02. 주문
23일	PART 06 식당 I	03. 문제 해결
24일	PART 06 식당 I	04. 계산

차례

이렇게 활용하세요!

『가장 쉬운 여행 영어』는 영어 공부를 막 시작한 분들을 위한 교재입니다.

영어권 국가의 여행을 앞두고 있다면, 이 책으로 8주만 공부하세요!

한두 마디 영어로도 주눅들지 않고 여행을 즐기는 자신을 발견할 거예요.

자, 기초 영단어부터, 자주 쓰는 패턴까지 차근차근 공부해 보세요.

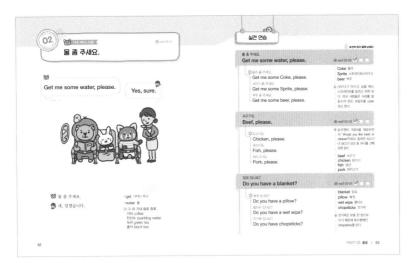

필수 회화

그림을 보며
간단한 회화문을 익혀 보세요.

실전 연습

주요 회화문에 다른 단어를 넣어서
다양한 표현도 익혀 보세요.
또 현지인의 새로운 표현법까지
배울 수 있어요.

확인 문제

회화문과 주요 문장을
단어에서 문장까지
꼼꼼하게 복습해 보세요.

여행 TIP

생생한 현지 여행정보와
문화적, 언어적 차이점을
미리 확인해 보세요.

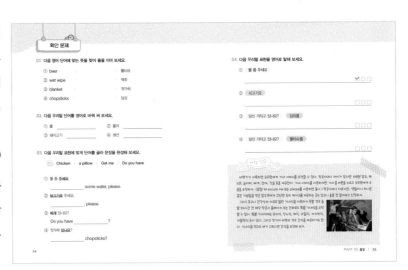

하루 한 장 쓰기 노트

그날 공부한 내용을 한번 더 정리하고
문장을 외워 보세요.
여기에 더 알면 좋을 회화 표현도 익혀 보세요.
영어 회화 실력이 매일 쑥쑥 자라나는 것을
느낄 수 있을 거예요.

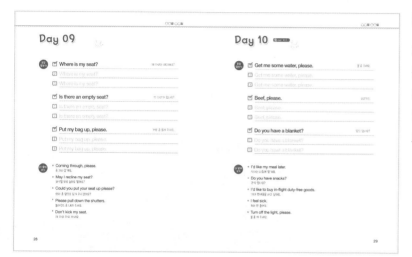

원어민 녹음 MP3

스마트폰으로 QR코드를 스캔하면
본문 음성을 바로 들을 수 있어요.

시드니 오페라하우스

가을엔 캐나다 여행을 갈 거야!

런던은 무조건 타워브릿지!

브루클린 브릿지를 건너 맨해튼으로~.

뉴질랜드 웰링턴 감성 기차 여행 :)

PART 01

미리 배우는
필수 여행단어

공항에서

 mp3 01-01

airport 공항

boarding gate
탑승 게이트

flight 비행, 항공편

departure 출발

transfer 환승

arrival 도착

delay 지연

fingerprint 지문

interpreter 통역사

information desk
안내소

baggage claim
수하물 찾는 곳

restroom
화장실 ㉅toilet

currency exchange
환전소

duty free shop
면세점

baggage 수하물 ㉅luggage

cart 수하물 카트 ㉅trolley

기내에서

▶ mp3 01-02

seat 좌석

carry-on bag
기내 휴대용 가방

window seat 창가 좌석
aisle seat 통로 좌석

snack 간식

sleeping eye mask 수면안대
pillow 베개
blanket 담요

seatbelt 안전벨트

meal 식사
spoon 숟가락
fork 포크

beef 소고기
pork 돼지고기
chicken 닭고기
fish 생선

still water 물, 생수
Sprite 스프라이트(사이다)
Coke 콜라

coffee 커피
green tea 녹차
black tea 홍차

교통수단

▶ mp3 01-03

subway 지하철
영 Underground, tube

subway station 지하철역
영 Underground station

taxi / cab 택시

train 기차
platform 승강장

bus 버스
bus stop 버스 정류장

crosswalk 횡단보도
영 pedestrian crossing

sidewalk 인도, 보도
영 pavement

ticket office 매표소
ticket machine 티켓 판매기
ticket 표, 티켓

Oyster Card 오이스터 카드(영국 교통카드)
MetroCard 메트로 카드(뉴욕 교통카드)

fare 요금
change 잔돈

exit 출구
get off 내리다
charge 충전
discount 할인
sold out 매진된
one way 편도 영single
round trip 왕복 영return

reservation 예약

check-in 체크인
check-out 체크아웃

high floor 고층
low floor 저층

room 방
elevator 엘리베이터 ㉇lift

bar
술집, 바

swimming pool
수영장

gym / fitness center
헬스클럽

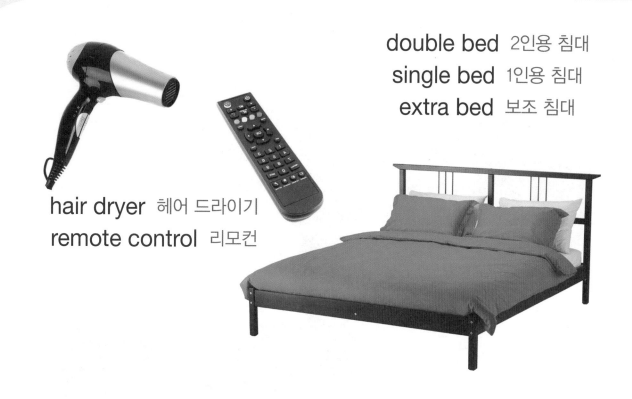

double bed 2인용 침대
single bed 1인용 침대
extra bed 보조 침대

hair dryer 헤어 드라이기
remote control 리모컨

towel 수건
soap 비누
toilet paper 화장지
toothpaste 치약
toothbrush 칫솔

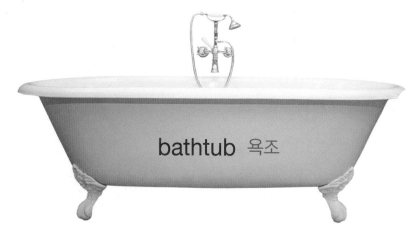

bathtub 욕조

dirty 더러운, 지저분한
cold 추운, 차가운
hot 더운, 뜨거운

식당에서

▶ mp3 01-05

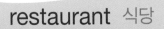
restaurant 식당

recommend 추천하다
order 주문하다
dinner 저녁(식사)
lunch 점심(식사)

table 식탁
glass (유리)잔
fork 포크
knife 칼, 나이프
plate 접시, 그릇

rare 살짝 익힌

medium 적당히 익힌

well-done 완전히 익힌

check 계산서 영bill
cash 현금
receipt 영수증
credit card 신용카드

food 음식

combo 세트
takeout 포장(가지고 가는 음식)
영 takeaway

salt 소금
pepper 후추

hamburger 햄버거   sandwich 샌드위치   bagel 베이글

drink 음료, 마실 것

dessert 디저트, 후식
syrup 시럽
straw 빨대
wet wipe 물티슈

iced water
얼음물

Coke
콜라

juice
주스

milk
우유

draft beer
생맥주

관광하기

tourist attraction 관광 명소

museum 박물관
show 공연
gallery 미술관

adult 성인, 어른
children 어린이들
senior citizen 어르신
student 학생

exhibition 전시회
admission fee / entrance fee
입장료
total 총, 합계

entrance 입구
exit 출구

gift shop 선물 가게

tourist information center
관광 안내소

tourist 관광객
tourist map 관광 지도
booklet 작은 책자

picture 사진
statue 조각상
scenery 경치, 풍경
selfie stick 셀카봉

쇼핑하기

▶ mp3 01-07

clothes 옷

shirt
셔츠

pants
바지 영trousers

jeans
청바지

skirt
치마

underwear
속옷 영pants

hat
모자

sneakers
운동화 영trainers

wallet
지갑 영purse

cosmetics 화장품
perfume 향수

grocery store 마트

beverage 음료

frozen food 냉동식품

bakery 빵집

fruit 과일

toy 장난감

pay 지불하다
buy 사다
refund 환불
discount 할인
receipt 영수증

긴급 상황

▶ mp3 01-08

emergency 긴급, 비상

police station 경찰서
police 경찰

hospital 병원
ambulance 구급차
doctor 의사
nurse 간호사

lost and found 분실물 센터
lost article 분실물 영 lost property
passport 여권

emergency phone number
응급 전화번호
address 주소
lost 잃어버린
stolen 도난당한

headache 두통   **cough** 기침   **runny nose** 콧물

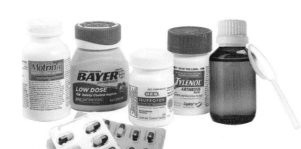

painkiller 진통제
digestive medicine 소화제
fever reducer 해열제
antidiarrheal 지사제

stomachache 복통, 배탈
diarrhea 설사

pharmacy / drugstore
약국

sick 아픈
accident 사고

디데이는 15일, 바쁘다 바빠!

준비물은 한번 더 체크!

드디어 떠난다, 야홋 > <

비가 오지 말아야 할텐데!

안녕하세요.

Hello!

Nice to meet you.

안녕하세요.

만나서 반가워요.

*hello 안녕하세요

*nice 좋은, 멋진

*meet 만나다

⊕ "Nice to meet you."는 처음 만나는 사람에게 친근하게 하는 인사말이다. "저도 만나서 반가워요."는 "Nice to meet you, too."라고 말하자.

실전 연습

세 번씩 따라 말해 보세요!

안녕하세요!
Hello!

▶ mp3 02-12 ✔ 2 3

➕ 만나서 반가워요.
Nice to meet you.

안녕하세요?(처음 뵙겠습니다.)
How do you do?

안녕하세요?(어떻게 지내세요?)
How are you?

🔸 hi는 일상 대화에서 편하게 사용하는 말이고, hello는 hi보다 조금 더 격식을 갖춘 인사이다.

🔸 아침 인사 Good morning.
오후 인사 Good afternoon.
저녁 인사 Good evening.
밤 인사 Good night.

당신의 이름이 뭐예요?
What's your name?

▶ mp3 02-13 ✔ 2 3

➕ 제 이름은 레이나입니다.
My name is Raina.

이 사람은 주디입니다.
This is Judy.

what 무엇
your 너의, 당신의
name 이름
this 이것, 이 사람

🔸 What's는 What is의 축약형이다. 일상대화에서는 "I'm Raina."라고 간단하게 이름을 소개한다.

안녕히 가세요.
Good-bye!

▶ mp3 02-14 ✔ 2 3

➕ 만나서 반가웠습니다.
Nice meeting you.

나중에 봐요.
See you later.

좋은 여행 되세요.
Have a nice trip.

계속 연락해요.
Let's keep in touch.

see 보다, 알다
later 나중에
trip 여행
keep 계속 ~하다, 유지하다
touch 접촉, 연락

🔸 Let's는 Let us의 축약형이다.

01 다음 영어 단어에 맞는 뜻을 찾아 줄을 이어 보세요.

① trip · · 이름

② see · · 만나다

③ name · · 여행

④ meet · · 보다, 알다

02 다음 우리말 단어를 영어로 바꿔 써 보세요.

① 아침 _____ ② 오후 _____

③ 저녁 _____ ④ 밤 _____

03 다음 우리말 표현에 맞게 단어를 골라 문장을 완성해 보세요.

보기 meet | trip | later | name

① 당신의 **이름**이 뭐예요?

What is your _____ ?

② **만나서** 반가워요.

Nice to _____ you.

③ **나중에** 봐요.

See you _____.

④ 좋은 **여행** 되세요.

Have a nice _____.

04 다음 우리말 표현을 영어로 말해 보세요.

① 안녕하세요!

_____

② 당신의 이름이 뭐예요?

_____

③ 제 이름은   레이나입니다

_____

④ 만나서 반가워요

_____

여행 TIP

인사는 좋은 관계를 만드는 만능키와 같다. 처음 만난 사람이나 오랜 친구와의 관계도 돈독하게 해 주는 것이 바로 인사이다. 모르는 사람의 눈을 바라보며 인사를 하는 게 조금 어색할 수도 있겠지만 인사를 나누고 난 뒤에는 따뜻한 분위기에서 이야기를 이어나갈 수 있다.

이렇게 상대에게 긍정적인 첫 인상을 심어 주면 주위에 있던 다른 사람들도 당신을 편안한 사람으로 인식하고 친근하게 대할 것이다. 부드러운 미소와 함께 자기를 소개하는 것은 더 없이 좋은 첫 대화의 시작이다.

감사합니다.

 Welcome to London!

Thank you.

Arrivals

런던에 오신 것을 환영해요!

감사합니다.

*welcome 맞이하다, 환영하다
*thank you 고맙습니다

세 번씩 따라 말해 보세요!

감사합니다.
Thank you.
▶ mp3 02-22 ✓ 2 3

➕ 천만에요.
You're welcome.

미안합니다.
I'm sorry.

➕ 실례합니다.
Excuse me.

도와주세요.
Please help me.

sorry 미안하다
please 제발(정중하게 요청할 때)
help 돕다, 도와주다

➕ you're welcome은 '고맙다'는 말에 대한 정중한 인사말이다.
➕ you're는 you are의 축약형이다.

나는 행복해요.
I'm happy.
▶ mp3 02-23 ✓ 2 3

➕ 나는 당신을 만나서 행복해요.
I'm happy to see you.

나는 여기에 있어서 행복해요.
I'm happy to be here.

나는 런던에 있어서 행복해요.
I'm happy to be in London.

happy 행복한
here 여기에
in London 런던에(서)

대단해요.
It's great.
▶ mp3 02-24 ✓ 2 3

➕ 즐거워요.
It's fun.

멋지네요.
It's cool.

➕ 최고예요.
It's the best.

환상적이에요.
It's fantastic.

great 대단한
fun 재미있는, 즐거운
cool 멋진, 쿨한
best 최고의
fantastic 환상적인

➕ it's는 it is의 축약형이다.

01 다음 영어 단어에 맞는 뜻을 찾아 줄을 이어 보세요.

① welcome · · 멋진, 쿨한

② here · · 맞이하다, 환영하다

③ great · · 여기에

④ cool · · 대단한

02 다음 우리말 단어를 영어로 바꿔 써 보세요.

① 돕다, 도와주다 _____ ② 행복한 _____

③ 재미있는, 즐거운 _____ ④ 최고의 _____

03 다음 우리말 표현에 맞게 단어를 골라 문장을 완성해 보세요.

> 보기 happy | in London | fantastic | help

① **도와**주세요.

Please _____ me.

② 나는 당신을 만나 **행복해요.**

I'm _____ to see you.

③ 나는 **런던에** 있어서 행복해요.

I'm happy to be _____.

④ **환상적**이에요.

It's _____.

04 다음 우리말 표현을 영어로 말해 보세요.

① (나를) 도와주세요

☑ ② ③

_____

② 나는 행복해요   당신을 만나서

① ② ③

_____

③ 멋지네요

① ② ③

_____

④ 최고예요

① ② ③

_____

여행 TIP

서양 문화권을 대표하는 미국이나 영국 사람들은 감정표현이 아주 자연스럽고 솔직하다. 문을 잡아주면 thank you, 살짝 스치기만 해도 sorry라는 말이 입에서 바로 나온다. 또 고맙다는 말을 들으면 "You're welcome."이 바로 나오는데, "Don't mention it."이라는 표현도 자주 사용한다. 같은 의미이지만 조금 더 세련되고 예의 있는 표현으로 "It's my pleasure."라는 말도 자주 쓴다. 또 fantastic과 lovely는 영국 사람들이 밥 먹듯이 자주 사용하는 말이다. fantastic은 정말 '환상적인' 일이 아닐지라도 good이나 nice보다 조금 강조해서 표현할 때 사용하고, lovely는 기분이 좋을 때는 언제 어디서나 사용할 수 있는 말이다. 예를 들어 날씨가 좋아도 lovely, 음식이 맛있어도 lovely라고 말한다.

 숫자와 시간

▶ mp3 02-31

오후 5시입니다.

What time is it?

It's 5 p.m. (five)

 몇 시예요?

오후 5시입니다.

*what time 몇 시

*p.m. 오후
(라틴어 post meridiem의 약어)

⊕ '정각'은 o'clock이라고 한다.
'5시 정각'은 5 o'clock이다.

실전 연습

세 번씩 따라 말해 보세요!

나는 25살입니다.
I'm 25 years old. (twenty five)
▶ mp3 02-32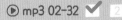

➕ 나의 키는 175cm입니다.
My height is 175cm. (one hundred seventy five)

나의 몸무게는 69kg입니다.
My weight is 69kg. (sixty nine)

나의 신발 사이즈는 270입니다.
My shoe size is 270mm. (two hundred seventy)

old 나이가 ~인
height 높이, 키
weight 몸무게
shoe 신발(한 짝을 가리킴)
shoes 신발 한 켤레
size 크기

✚ I'm은 I am의 축약형이다.

오후 5시입니다.
It's 5 p.m. (five)
▶ mp3 02-33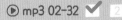

➕ 오전 9시 10분입니다.
It's 9:10 a.m. (nine ten)

오후 2시 15분입니다.
It's 2:15 p.m. (two fifteen)

저녁 7시 30분입니다.
It's 7:30 p.m. (seven thirty)

✚ 시각 표현은 시와 분에 해당하는 숫자를 순서대로 말한다.

✚ It's은 It is의 축약형이다.

a.m. 오전(라틴어 ante meridiem의 약어)

비행기 편명은 KE508입니다.
The flight number is KE508. (five zero eight) ▶ mp3 02-34

➕ 좌석 번호는 15A입니다.
The seat number is 15A. (fifteen A)

객실 번호는 609호입니다.
The room number is 609. (six zero nine)

전화번호는 123-7054입니다.
The phone number is 123-7054.
(one two three seven zero five four)

flight 비행, 항공편
seat 자리, 좌석
number 숫자
room 방
phone 전화

01 다음 영어 단어에 맞는 뜻을 찾아 줄을 이어 보세요.

① height   ·   ·   몇 시

② o'clock   ·   ·   몸무게

③ weight   ·   ·   정각

④ what time   ·   ·   높이, 키

02 다음 우리말 단어를 영어로 바꿔 써 보세요.

① 전화 _____   ② 신발 _____

③ 번호 _____   ④ 방 _____

03 다음 우리말 표현에 맞게 단어를 골라 문장을 완성해 보세요.

> 보기 a.m. | flight number | seat | old

① 나는 25살입니다.

I'm 25 years _____.

② **오전** 9시 10분입니다.

It's nine ten _____.

③ **비행기 편명**은 KE508입니다.

The _____ is KE508.

④ **좌석**번호는 15A입니다.

The _____ number is 15A.

04 다음 우리말 표현을 영어로 말해 보세요.

① 나는 · 25살입니다

_____

② 나의 · 신발 사이즈는 · 270mm입니다

_____

③ 오후 5시입니다

_____

④ 비행기 편명은 · KE508입니다

_____

여행 TIP

우리말로 숫자 세기는 아주 쉽다. 영어는 어떨까? 천천히 세는 것이야 문제 없겠지만, 구구단 게임처럼 빠르게 숫자를 말하려고 하면 막상 말문이 막혀 당황하기 쉽다. 영어로 숫자를 말하는 게 어렵다면, 게임으로 숫자 세기 연습을 해 보자!

첫 번째, 시도 때도 없이 시계 보고 시각 말하기
두 번째, 매일매일 달력을 보며 날짜 말하기
세 번째, 간판이나 전단에 쓰인 전화번호 읽기
네 번째, 지나가는 자동차의 번호판 읽기

시각을 읽을 때 '시'는 hour, '분'은 minute, '초'는 second라고 한다. 정각일 때는 o'clock을 붙여 표현한다. 또 밤 12시를 기준으로 하루를 '오전'과 '오후'로 나누어 표현하는데, 이때는 a.m.과 p.m.을 붙인다.

 날짜와 화폐

 mp3 02-41

1월 12일에 떠나요.

 When do you leave?

I'm leaving on January 12th.
(twelfth)

 언제 떠나세요?

 1월 12일에 떠나요.

*when 언제

*leave 떠나다

*January 1월

⊕ 날짜는 서수(순서를 나타내는 숫자)
로 표현한다. 12일은 한달 중 '열두
번째 날'이므로 twelfth라고 말한다.

실전 연습

세 번씩 따라 말해 보세요!

1월 12일에 떠나요.
I'm leaving on January 12th. (twelfth)
▶ mp3 02-42

➕ 3월 1일에 도착해요.
I arrive on March 1st. (first)

9월 27일로 해 주세요.
September 27th, please. (twenty seventh)

5월 둘째 주로 해 주세요.
May 2nd week, please. (second)

arrive 도착하다
March 3월
1st(first) 첫 번째의
September 9월
May 5월
2nd(second) 두 번째의
week 주, 일주일

나는 1995년에 태어났어요.
I was born in 1995. (nineteen ninety five)
▶ mp3 02-43

➕ 나는 2006년에 졸업했어요.
I graduated in 2006. (two thousand six)

나는 2015년에 입사했어요.
I joined the company in 2015.
(two thousand fifteen)

나는 2018년에 결혼했어요.
I got married in 2018. (two thousand eighteen)

be born 태어나다
graduate 졸업하다
join 참여하다, 참석하다
company 회사
get married 결혼하다

➕ join the company는 '입사하다'라는 의미로 쓰인다.

5달러입니다.
It's 5 dollars. (five)
▶ mp3 02-44

➕ 20달러입니다.
It's 20 dollars. (twenty)

10파운드입니다.
It's 10 pounds. (ten)

35파운드입니다.
It's 35 pounds. (thirty five)

➕ $5.7와 같이 소수점 이하로 금액이 나오면 소수점 앞은 '달러', 뒤는 '센트'로 읽는다. 'five dollars and seven cents'이다. 현지인들은 단위를 생략하고 "It's five seven."이라고 더 자주 말한다.

01 다음 영어 단어에 맞는 뜻을 찾아 줄을 이어 보세요.

① graduate · · 졸업하다

② company · · 도착하다

③ arrive · · 회사

④ second · · 두 번째의

02 다음 우리말 단어를 영어로 바꿔 써 보세요.

① 태어나다 _____   ② 결혼하다 _____

③ 떠나다 _____   ④ 주, 일주일 _____

03 다음 우리말 표현에 맞게 단어를 골라 문장을 완성해 보세요.

보기   leaving │ dollars │ week │ born

① 나는 1995년에 **태어났어요**.

I was _____ in 1995.

② 1월 12일에 **떠나요**.

I am _____ on January 12.

③ 5월 둘째 **주로** 해 주세요.

May second _____, please.

④ 20**달러**입니다.

It's twenty _____.

04 다음 우리말 표현을 영어로 말해 보세요.

① 나는 태어났어요   1995년에

☑ ② ③

_____

② 나는 도착해요   3월 1일에

① ② ③

_____

③ 5월 둘째 주로   해 주세요

① ② ③

_____

④ 5달러입니다

① ② ③

_____

여행 TIP

요일·월 표현 (* 빨간색은 약자 표기)

월요일	화요일	수요일	목요일	금요일	토요일	일요일
Monday	Tuesday	Wednesday	Thursday	Friday	Saturday	Sunday

1월	2월	3월	4월	5월	6월
January	February	March	April	May	June
7월	8월	9월	10월	11월	12월
July	August	September	October	November	December

나라별 날짜 표현

한국	년 – 월 – 일 – 요일	2020년 5월 7일 목요일
영국	요일 – 일 – 월 – 년	Thursday 7th of May, 2020
미국	요일 – 월 – 일 – 년	Thursday May 7, 2020

이정표를 잘 보고 환승해야지!

기내식은 무조건 맛있어 냠냠!

드디어 떠난다, 야홋!

긴장되는 입국 심사

여기는 영국입니다!

01

 자리 찾기

▶ mp3 03-11

제 자리는 어디예요?

Where is my seat?

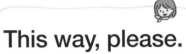
This way, please.

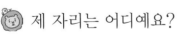 제 자리는 어디예요?

 이쪽입니다.

＊where 어디
＊seat 자리, 좌석
＊this way 이쪽으로

실전 연습

세 번씩 따라 말해 보세요!

제 자리는 어디예요?
Where is my seat?

▶ mp3 03-12

somebody 어떤 사람, 누군가
sit 앉다

➕ 15A 자리는 어디예요?
Where is seat 15A? (fifteen A)

여기는 제 자리예요.
This is my seat.

누가 제 자리에 앉았어요.
Somebody's sitting in my seat.

빈 자리가 있나요?
Is there an empty seat?

▶ mp3 03-13

empty 비어 있는, 빈
change 바꾸다, 변하다
window seat 창가 자리
aisle seat 통로 자리

➕ 자리를 바꿀 수 있나요?
Can I change seats?

창가 자리로 바꿔 주세요.
Please change to a window seat.

통로 자리로 바꿔 주세요.
Please change to an aisle seat.

가방 좀 올려 주세요.
Put my bag up, please.

▶ mp3 03-14

put 놓다
up 위로
bag 가방
seatbelt 안전벨트
loose 헐렁한, 느슨한
tight 꽉 조이는
not working 작동이 안 되는

➕ 안전벨트가 헐렁해요.
My seatbelt is loose.

안전벨트가 꽉 조여요.
My seatbelt is tight.

안전벨트가 안 돼요.
My seatbelt is not working.

➕ 기내 휴대용 가방은
carry-on bag이라고 한다.

01 다음 영어 단어에 맞는 뜻을 찾아 줄을 이어 보세요.

① change   ·   ·   꽉 조이는

② seatbelt   ·   ·   안전벨트

③ loose   ·   ·   헐렁한, 느슨한

④ tight   ·   ·   바꾸다, 변하다

02 다음 우리말 단어를 영어로 바꿔 써 보세요.

① 비어있는, 빈 _____   ② 가방 _____

③ 어떤 사람, 누군가 _____   ④ 앉다 _____

03 다음 우리말 표현에 맞게 단어를 골라 문장을 완성해 보세요.

> 보기   loose | Where | not working | up

① 제 자리는 **어디**예요?

_____ is my seat?

② 가방 좀 **올려** 주세요.

Put my bag _____ , please.

③ 안전벨트가 **헐렁해요**.

My seatbelt is _____ .

④ 안전벨트가 **안 돼요**.

My seatbelt is _____ .

04 다음 우리말 표현을 영어로 말해 보세요.

① 어디예요?   제 자리는

☑ ② ③

② 여기는   제 자리예요

① ② ③

③ 제가 바꿀 수 있나요?   자리를

① ② ③

④ 제 안전벨트가   안 돼요

① ② ③

여행 TIP

　비행기에 탑승한 후, 자리가 헷갈린다면 기내 입구에 서 있는 승무원에게 좌석을 물어보면 된다. 좌석을 못 찾을 때는 "Where is my seat?"이라고 말하며 승무원에게 비행기표를 보여주면 친절하게 안내받을 수 있다. 그리고 한국에서 출발하는 항공편의 경우 한국인 승무원이 탑승하고 있으므로 너무 긴장하지 않아도 된다.

　처음으로 해외여행을 가거나 가까운 곳으로 갈 때는 바깥 풍경과 하늘이 보이는 창가 자리를 추천한다. 하지만 장거리 여행에서는 화장실 가기가 쉽고, 한 번씩 일어나서 몸을 풀 수 있는 통로 쪽이 더 좋다.

　멀미가 있거나 비행기에서 빨리 내리고 싶다면 발권을 받을 때, 최대한 앞쪽 좌석을 요청하자. 비행기의 앞 좌석은 진동과 소음이 덜 하기 때문에 멀미를 좀 덜 일으킬 수도 있다. 또, 도착 후 가장 먼저 내릴 수 있기 때문에 그만큼 입국 수속도 빨리할 수 있다.

기내 서비스 이용

물 좀 주세요.

Get me some water, please.

Yes, sure.

 물 좀 주세요.

 네, 알겠습니다.

*get 가져다 주다

*water 물

⊕ 그 외 기내 음료 종류
커피 coffee
탄산수 sparkling water
녹차 green tea
홍차 black tea

실전 연습

세 번씩 따라 말해 보세요!

물 좀 주세요.

Get me some water, please.

▶ mp3 03-22 ✔ 2 3

➕ 콜라 좀 주세요.

Get me some Coke, please.

사이다 좀 주세요.

Get me some Sprite, please.

맥주 좀 주세요.

Get me some beer, please.

Coke 콜라
Sprite 스프라이트(사이다)
beer 맥주

✚ 사이다가 마시고 싶을 때는 스 프라이트를 달라고 하면 된다. 외국 사람들은 사과를 발효시 켜 만든 과일주를 cider라고 한다.

쇠고기요.

Beef, please.

▶ mp3 03-23 ✔ 2 3

➕ 닭고기요.

Chicken, please.

생선이요.

Fish, please.

돼지고기요.

Pork, please.

✚ 승무원이 기내식을 제공하면 서 "Would you like beef or chicken?"이라고 말하면 쇠고 기나 닭고기 요리 중 하나를 선택하면 된다.

beef 쇠고기
chicken 닭고기
fish 생선
pork 돼지고기

담요 있나요?

Do you have a blanket?

▶ mp3 03-24 ✔ 2 3

➕ 베개 있나요?

Do you have a pillow?

물티슈 있나요?

Do you have a wet wipe?

젓가락 있나요?

Do you have chopsticks?

blanket 담요
pillow 베개
wet wipe 물티슈
chopsticks 젓가락

✚ 젓가락은 보통 한 쌍으로 쓰기 때문에 복수형태인 chopsticks 를 쓴다.

확인 문제

01 다음 영어 단어에 맞는 뜻을 찾아 줄을 이어 보세요.

① beer · · 물티슈

② wet wipe · · 맥주

③ blanket · · 젓가락

④ chopsticks · · 담요

02 다음 우리말 단어를 영어로 바꿔 써 보세요.

① 물 _____   ② 콜라 _____

③ 돼지고기 _____   ④ 생선 _____

03 다음 우리말 표현에 맞게 단어를 골라 문장을 완성해 보세요.

> 보기   Chicken | a pillow | Get me | Do you have

① 물 좀 **주세요**.

_____ some water, please.

② **닭고기로** 주세요.

_____, please.

③ **베개** 있나요?

Do you have _____?

④ 젓가락 **있나요**?

_____ chopsticks?

04 다음 우리말 표현을 영어로 말해 보세요.

① 물 좀 주세요

ㅤ✅ 2 3
_____

② 쇠고기요

ㅤ1 2 3
_____

③ 당신 가지고 있나요?ㅤ담요를

ㅤ1 2 3
_____

④ 당신 가지고 있나요?ㅤ물티슈를

ㅤ1 2 3
_____

여행 TIP

ㅤ비행기가 이륙하면 승무원에게 기내 서비스를 요청할 수 있다. 항공사마다 차이가 있지만 대부분 담요, 헤드폰, 슬리퍼, 베개, 안대, 칫솔 등을 제공한다. 기내 서비스를 이용하려면 기내 콜 버튼을 누르고 승무원에게 도움을 요청하자. (말할 때 excuse me 또는 please를 사용하면 좋다.) 항공사마다 다르지만, 생일이나 허니문 같은 기념일을 맞은 탑승객에게 간단한 축하 케이크를 제공하는 곳도 있으니 출발 전 알아보고 신청하자.

ㅤ그리고 종교나 건강상의 이유로 일반 기내식을 이용하지 못할 경우 출발 24시간 전 해당 항공사 홈페이지 또는 전화로도 특별 기내식을 요청할 수 있다. 특별 기내식에는 유아식, 당뇨식, 채식, 과일식, 저지방식, 저열량식 등이 있다. 그리고 장거리 비행의 경우 간식을 제공하기도 한다. 기내식을 먹고도 배가 고프다면 간식을 요청해 보자.

 입국 심사

여행 왔어요.

mp3 03-3l

What is the purpose of your visit?

For pleasure.

IMMIGRATION

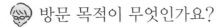 방문 목적이 무엇인가요?

 여행 왔어요.

＊purpose 목적

＊visit 방문

＊pleasure 기쁨, 즐거움

⊕ '관광 왔어요'는 for sightseeing이
라고 하면 된다.

실전 연습

세 번씩 따라 말해 보세요!

여행 왔어요.
For pleasure.
▶ mp3 03-32 ✔ 2 3

➕ 휴가 왔어요.
On vacation.
출장 왔어요.
On business.
공부하러 왔어요.
To study.

vacation 휴가, 방학
business 사업, 업무
study 공부

이틀이요.
For two days.
▶ mp3 03-33 ✔ 2 3

➕ 일주일이요.
For one week.
한 달이요.
For one month.
1년 이요.
For one year.

➕ "How long are you going to stay?"(얼마나 머무를 건가요?) 라고 물으면 이렇게 대답한다.

for ~동안
day 날, 요일
week 주, 일주일
month 달(월)
year 연도, 년

하얏트 호텔이요.
At the Hyatt Hotel.
▶ mp3 03-34 ✔ 2 3

➕ 쉐라톤 리조트요.
At the Sheraton Resort.
친척 집이요.
At my relative's place.
친구 집이요.
At my friend's place.

➕ 입국 심사관이 "Where are you going to stay?"(어디서 묵나요?)라고 물으면 이렇게 대답한다.

hotel 호텔
resort 휴양지, 리조트
relative 친척
friend 친구
place 장소

확인 문제

01 다음 영어 단어에 맞는 뜻을 찾아 줄을 이어 보세요.

① business · · 친구

② vacation · · 사업, 업무

③ resort · · 휴가, 방학

④ friend · · 휴양지, 리조트

02 다음 우리말 단어를 영어로 바꿔 써 보세요.

① 공부 _____ ② 날, 요일 _____

③ 주, 일주일 _____ ④ 장소 _____

03 다음 우리말 표현에 맞게 단어를 골라 문장을 완성해 보세요.

> 보기 month | relative's | place | For

① 일주일 (**동안**)이요.

_____ one week.

② 한 **달** (동안)이요.

For one _____ .

③ **친척** 집이요.

At my _____ place.

④ 친구 **집이요**.

At my friend's _____ .

04 다음 우리말 표현을 영어로 말해 보세요.

① 여행 왔어요

_____ ☑ ② ③

② 출장 왔어요

_____ ① ② ③

③ 일주일이요

_____ ① ② ③

④ 내 친구 집이요

_____ ① ② ③

여행 TIP

　입국 심사대는 영어 실력을 테스트하는 곳이 아니다. 심사관이 질문하면 당황하거나 긴장하지 말고 여행 목적과 체류 기간, 체류 장소 등 질문에 대해서만 간단히 대답하면 된다. 길게 말하려다가 긴장해서 잘못 말할 수도 있으니, 핵심 단어만 대답해도 좋다. 심사관에 따라 왕복 티켓이나 숙소 바우처 등을 요구할 때도 있으니 미리 준비해 두자. 체류 장소가 애매하거나 왕복 티켓이 없으면 불법 체류로 판단해 입국이 거부될 수도 있다.

　수하물을 부친 경우, 수하물 표를 확인하여 자신이 탔던 항공기 이름과 항공편을 확인한 후 짐 찾는 곳으로 가면 된다. 수하물에 미리 이름표를 달아 두면 자기 짐을 빨리 찾을 수 있다. 또 세관을 통과할 때는 긴장하지 말고 지나가자. 주위를 두리번거리거나 초조한 모습을 보이면 세관 직원들이 가방 검사를 하는 경우가 있다. 그때는 당황하지 말고 침착하게 가방을 보여 주면 된다.

04

공항 안내소

▶ mp3 03-41

지하철역이 어디 있나요?

Where is the subway station?

Exit 6 on the first floor.
(six)

INFORMATION

 지하철역이 어디 있나요?

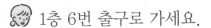 1층 6번 출구로 가세요.

*where 어디

*subway station 지하철역

*exit 출구

*floor 바닥, 층

⊕ 런던에서는 '지하철'을 underground라고 하는데, 일상 대화에서는 Tube라고 더 자주 말한다. 이것은 지하철의 모양과 다니는 통로가 둥그스름하게 생겼다고 해서 붙여진 이름이다.

세 번씩 따라 말해 보세요!

지하철역이 어디 있나요?
Where is the subway station?

▶ mp3 03-42 ☑ 2 3

➕ 버스 정류장이 어디 있나요?
Where is the bus stop?

택시 승차장이 어디 있나요?
Where is the taxi stop?

나가는 곳은 어디 있나요?
Where is the way out?

subway station 지하철역
subway 지하철
station 역
bus stop 버스 정류장
taxi stop 택시 승차장
way out 나가는 곳

지하철 노선도 좀 주세요.
A subway map, please.

▶ mp3 03-43 ☑ 2 3

➕ 버스 노선도 좀 주세요.
A bus map, please.

관광 안내도 좀 주세요.
A tour map, please.

한국어 지도 좀 주세요.
A map in Korean, please.

subway map
지하철 노선도
map 지도
bus map 버스 노선도
tour map 관광 안내도
map in Korean
한국어 지도

안내소는 어디 있나요?
Where is the information desk?

▶ mp3 03-44 ☑ 2 3

➕ 현금지급기는 어디 있나요?
Where is the ATM?

환전소는 어디 있나요?
Where is the currency exchange?

화장실은 어디 있나요?
Where is the restroom?

information desk 안내소
currency exchange 환전소
currency 통화, 통용
exchange 교환
restroom 화장실(영국에서는
toilet이라고 한다)

✚ ATM(자동금융거래단말기)은
Automated Teller Machine의
약자이다.

01 다음 영어 단어에 맞는 뜻을 찾아 줄을 이어 보세요.

① tour map · · 나가는 곳

② floor · · 환전소

③ currency exchange · · 바닥, 층

④ way out · · 관광 안내도

02 다음 우리말 단어를 영어로 바꿔 써 보세요.

① 버스 정류장 _____ ② 화장실 _____

③ 역 _____ ④ 출구 _____

03 다음 우리말 표현에 맞게 단어를 골라 문장을 완성해 보세요.

> 보기 information desk | Where | map | subway

① 버스 정류장이 **어디** 있나요?

_____ is the bus stop?

② **지하철** 노선도 좀 주세요.

A _____ map, please.

③ 버스 **노선도** 좀 주세요.

A bus _____, please.

④ **안내소는** 어디 있나요?

Where is the _____?

04 다음 우리말 표현을 영어로 말해 보세요.

① 어디 있나요?   버스 정류장이

_____ ☑ ② ③

② 관광 안내도를   주세요

_____ ① ② ③

③ 어디 있나요?   환전소는

_____ ① ② ③

④ 어디 있나요?   나가는 곳은

_____ ① ② ③

여행 TIP

시내로 출발하기 전에 공항에 있는 안내소를 방문해 보자. 지하철 노선도나 관광 지도를 구하거나, 숙소나 식당 예약도 도움을 받을 수 있다. 또 다음 어플은 시내 관광에 효과적이므로 미리 다운받아보자.

구글맵 (Googlemap)	시티맵퍼 (Citymapper)	우버 (UBER)	트립어드바이저 (tripadvisor)

자신의 위치, 주변 식당, 관광명소 등을 확인할 수 있다. 길찾기에 매우 유용해서 도보나 대중교통 소요시간을 확인할 수 있다.	유럽 여행, 특히 영국에서 편리하게 사용할 수 있는 지도 어플. 실시간 교통 정보와 요금까지 알려준다.	저렴하게 이용할 수 있는 택시 어플. 미리 예상 금액을 알 수 있어서 바가지를 쓸 염려도 없고 차량도 선택할 수 있다.	현지에서 평가가 좋은 식당과 공연, 축제 등 평점과 댓글을 볼 수 있다. 그리고 가격대로도 분류할 수 있어 저렴한 식당을 찾기에도 좋다.

버스도 많고 택시도 많고... 어지러워 >.<

블랙캡은 꼭 타야지! 신사처럼~

급하지 않으면 길 좀 알려주세요!

UNDERGROUND

출퇴근 지옥철은 한국이랑 비슷하구나!

PART 04

교통수단

미니 지하철같아!

 지하철

mp3 04-11

몇 호선이 영국박물관으로 가나요?

What line goes to the British Museum?

Take the Northern Line.

몇 호선이 영국박물관으로 가나요?

노던 라인을 타세요.

*line 선, 노선
*British Museum 영국박물관
*take ～를 타다, 택하다
*northern 북쪽의, 북부의

실전 연습

세 번씩 따라 말해 보세요!

몇 호선이 영국박물관으로 가나요?
What line goes to the British Museum? ▶ mp3 04-12 ✔

➕ 몇 호선이 국립미술관으로 가나요?
What line goes to the National Gallery?
몇 호선이 백화점으로 가나요?
What line goes to the department store?
몇 호선이 런던대학교로 가나요?
What line goes to London University?

museum 박물관
National Gallery 국립미술관
gallery 미술관
department store 백화점
store 가게
university 대학교

5번가에 가려면 어디서 내리나요?
Where do I get off for the 5th Avenue? (fifth) ▶ mp3 04-13 ✔ 2 3

➕ 극장에 가려면 어디서 내리나요?
Where do I get off for the theater?
시청에 가려면 어디서 내리나요?
Where do I get off for the City Hall?
시내에 가려면 어디서 내리나요?
Where do I get off for the downtown?

where 어디
get off 내리다
avenue 거리
theater 극장
City Hall 시청
downtown 시내

어느 출구가 시장과 연결되나요?
Which exit connects to the market? ▶ mp3 04-14 ✔ 2 3

➕ 어느 출구가 도서관과 연결되나요?
Which exit connects to the library?
어느 출구가 기차역과 연결되나요?
Which exit connects to the train station?
엘리베이터는 어디 있어요?
Where is the elevator?

which 어느
exit 출구
connect 연결하다
market 시장
library 도서관
train station 기차역
where is ~는 어디에 있나요?
elevator 엘리베이터(영국에서
는 lift라고 한다.)

확인 문제

01 다음 영어 단어에 맞는 뜻을 찾아 줄을 이어 보세요.

① department store　·　　　·　극장

② theater　·　　　·　백화점

③ library　·　　　·　기차역

④ train station　·　　　·　도서관

02 다음 우리말 단어를 영어로 바꿔 써 보세요.

① 박물관 _____　② 미술관 _____

③ 시장 _____　④ 시청 _____

03 다음 우리말 표현에 맞게 단어를 골라 문장을 완성해 보세요.

> 보기　**Which exit** ｜ **Where do I** ｜ **Where is** ｜ **What line**

① **몇 호선**이 영국박물관으로 가나요?

_____ goes to the British museum?

② 극장에 가려면 **어디서** 내리나요?

_____ get off for the theater?

③ **어느 출구**가 시장과 연결되나요?

_____ connects to the market?

④ 엘리베이터는 **어디 있어요**?

_____ the elevator?

04 다음 우리말 표현을 영어로 말해 보세요.

① 　몇 호선이 가나요?　　　국립미술관으로

_____ ☑ ② ③

② 　어디서　　제가 내리나요?　　　극장에 가려면

_____ ① ② ③

③ 　어느 출구가 연결되나요?　　　시장으로

_____ ① ② ③

④ 　어디에 있나요?　　　엘리베이터는

_____ ① ② ③

여행 TIP

　런던 지하철은 100년이 넘는 역사를 지닌 세계 최초의 지하철이다. 지하철 이용 시에는 우리의 교통 카드와 비슷한 '오이스터 카드(Oyster Card)'를 구입하는 것이 좋다. 지하철 뿐만 아니라 버스, 기차까지 사용할 수 있어서 런던 여행의 필수품이다.

런던 지하철

　뉴욕 지하철은 우리와 달리 24시간 운영하고 있다. 그렇지만 수시로 운행이 중단되는 경우가 많고 스케줄 변경이 잦기 때문에 구글맵으로 미리 확인하거나 안내 방송을 잘 듣고 타야 한다. 그리고 너무 늦은 시간은 위험할 수 있으니 주의하자. 뉴욕의 교통 카드는 '메트로 카드(Metro Card)'이다.

뉴욕 지하철

 버스

▶ mp3 04-21

몇 번 버스가 힐튼 호텔에 가나요?

 Which bus goes to the Hilton Hotel?

 Take the bus number 15. (fifteen)

몇 번 버스가 힐튼 호텔에 가나요?

15번 버스를 타세요.

*which bus 몇 번 버스

⊕ Which는 여럿 중에서 하나를 선택
  하는 문장에서 사용한다.

*goes 가다(go의 3인칭 단수 현재형)

*take ~를 타다, 택하다

실전 연습

세 번씩 따라 말해 보세요!

몇 번 버스가 힐튼 호텔에 가나요?
Which bus goes to the Hilton Hotel?
▶ mp3 04-22 ✔ 2 3

➕ 몇 번 버스가 공항에 가나요?
Which bus goes to the airport?
몇 번 버스가 윈저성에 가나요?
Which bus goes to Windsor Castle?
몇 번 버스가 로얄 알버트홀에 가나요?
Which bus goes to the Royal Albert Hall?

airport 공항
castle 성(城)
royal 왕실, 국왕의
hall 회관, 홀

➕ 윈저성: 영국 왕실의 성으로 영국 왕가의 공식 주거지.
로얄알버트홀: 런던에 있는 음악공연장.

도서관까지 몇 정거장이 남았나요?
How many stops to the library?
▶ mp3 04-23 ✔ 2 3

➕ 센트럴파크까지 몇 정거장이 남았나요?
How many stops to Central Park?
월스트리트까지 몇 정거장이 남았나요?
How many stops to Wall Street?
수산 시장까지 몇 정거장이 남았나요?
How many stops to the fish market?

how many 얼마나 많은
library 도서관
park 공원
street 거리
fish market 수산 시장

➕ 센트럴파크: 뉴욕 중심에 위치한 대형 공원.
월스트리트: 뉴욕의 금융·증권 거래 중심지.

이번 정류장이 서점인가요?
Is the next stop the bookstore?
▶ mp3 04-24 ✔ 2 3

➕ 이번 정류장이 애플스토어인가요?
Is the next stop the Apple Store?
이번 정류장이 병원 인가요?
Is the next stop the hospital?
이번 정류장에 내리면 되나요?
Should I get off at the next stop?

bookstore 서점
store 가게, 상점
hospital 병원
get off 내리다

➕ 영어에는 우리 한국인들이 즐겨 쓰는 '이번 역(this stop)'이라는 개념이 없다. 영어로는 the next stop이다.

01 다음 영어 단어에 맞는 뜻을 찾아 줄을 이어 보세요.

① castle · · 병원

② airport · · 공항

③ bookstore · · 서점

④ hospital · · 성(城)

02 다음 우리말 단어를 영어로 바꿔 써 보세요.

① 도서관 _____　② 홀, 회관 _____

③ 공원 _____　④ 거리 _____

03 다음 우리말 표현에 맞게 단어를 골라 문장을 완성해 보세요.

> 보기　get off ｜ How many ｜ the next stop ｜ Which bus

① **몇 번 버스**가 힐튼 호텔에 가나요?

_____ goes to the Hilton Hotel?

② 센트럴 파크까지 **몇(얼마나 많은)** 정거장 남았나요?

_____ stops to Central Park?

③ **이번 정류장**이 애플스토어인가요?

Is _____ the Apple Store?

④ 이번 정류장에 **내리면** 되나요?

Should I _____ at the next stop?

04 다음 우리말 표현을 영어로 말해 보세요.

① 몇 번 버스가 가나요?　　공항에

☑ ② ③

② 몇(얼마나 많은) 정거장이 남았나요?　　도서관까지

① ② ③

③ 이번 정류장이　　서점인가요?

① ② ③

④ 내리면 되나요?　　이번 정류장에

① ② ③

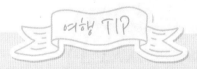

여행 TIP

　런던은 지하철 뿐만 아니라 시내버스 교통망이 잘 구비되어 있는 편이다. 특히 런던의 명물 빨간 이층 버스, 더블데커(Double Decker)는 영국 여행을 간다면 꼭 한 번은 타봐야 할 교통수단이다. 더블데커의 2층 제일 앞에 앉으면 런던 시내를 한 눈에 볼 수 있다는 장점이 있다. 교통 카드인 오이스터 카드는 공항이나 지하철역에서 구입할 수 있는데, 카드 보증금 일부를 포함해서 현금이나 신용 카드로 구입, 충전이 가능하다. 잔액이 있다면, 공항이나 지하철역에 있는 티켓 기기에서 환불할 수 있다. 런던은 가족이 함께 여행하기에 좋은 곳이다. 왜냐하면 성인 1명에 만 10세 이하 어린이 4명까지는 버스, 지하철을 무료로 이용할 수 있어서 교통비를 절약할 수 있기 때문이다.

　뉴욕에서는 메트로 카드를 구입하면 지하철과 시내버스를 모두 이용할 수 있다. 뉴욕의 버스는 내릴 때 하차벨을 누르거나 창문에 달린 긴 노란 줄을 당기면 된다.

　만약 도시를 여행한다면 시내버스를 적극적으로 이용해보자. 거리를 채운 뉴요커(New Yorker)와 런더너(Londoner)의 모습을 통해 현지 분위기를 좀 더 생생하게 느낄 수 있을 것이다.

 택시

▶ mp3 04-31

공항으로 가 주세요.

 Where to, sir?

 Take me to the airport.

어디로 가시나요?

공항으로 가 주세요.

*take me to ~로 가 주세요
*airport 공항

실전 연습

 세 번씩 따라 말해 보세요!

공항으로 가 주세요.

Take me to the airport.

▶ mp3 04-32 ✔ 2 3

➕ 런던동물원으로 가 주세요.
Take me to the London Zoo.

이 주소로 가 주세요.
Take me to this address.

이 호텔로 가 주세요.
Take me to this hotel.

zoo 동물원
address 주소
hotel 호텔

공항까지 얼마나 걸리나요?

How long does it take to the airport?

▶ mp3 04-33 ✔ 2 3

➕ 놀이공원까지 얼마나 걸리나요?
How long does it take to the amusement park?

경기장까지 얼마나 걸리나요?
How long does it take to the stadium?

도서관까지 얼마나 걸리나요?
How long does it take to the library?

how long 얼마나 (오래)
amusement park 놀이공원
stadium 경기장

➕ 미국이나 영국에서는 이동식 놀이공원을 쉽게 볼 수 있는데, fun fair라고 한다.

여기 세워 주세요.

Stop here, please.

▶ mp3 04-34 ✔ 2 3

➕ 호텔 앞에 세워 주세요.
Stop in front of the hotel.

횡단보도에 세워 주세요.
Stop at the crosswalk.

코너 돌아서 세워 주세요.
Stop around the corner.

stop 멈추다, 서다
here 여기에
in front of ~의 앞쪽에
crosswalk 횡단보도
corner 코너, 모퉁이

01 다음 영어 단어에 맞는 뜻을 찾아 줄을 이어 보세요.

① address · · 주소

② amusement park · · 경기장

③ stadium · · 놀이공원

④ crosswalk · · 횡단보도

02 다음 우리말 단어를 영어로 바꿔 써 보세요.

① 동물원 _____   ② 여기에 _____

③ 멈추다, 서다 _____   ④ 코너, 모퉁이 _____

03 다음 우리말 표현에 맞게 단어를 골라 문장을 완성해 보세요.

> 보기   amusement park | How long | in front of | Take me

① 런던동물원으로 **가 주세요**.

_____ to the London Zoo.

② **놀이공원**까지 얼마나 걸리나요?

How long does it take to the _____?

③ 도서관까지 **얼마나 (오래)** 걸리나요?

_____ does it take to the library?

④ 호텔 **앞에** 세워 주세요.

Stop _____ the hotel.

04 다음 우리말 표현을 영어로 말해 보세요.

① (저를 데려다 주세요) (이 주소로)

_____ ☑ ② ③

② (얼마나 걸리나요?) (공항까지)

_____ ① ② ③

③ (세워 주세요) (여기에)

_____ ① ② ③

④ (세워 주세요) (횡단보도에)

_____ ① ② ③

여행 TIP

영국에는 두 종류의 택시가 있다. 하나는 신사의 나라 영국을 상징하는 '블랙캡(Black Cab)'이고 다른 하나는 '미니캡(Mini Cab)'이다.

블랙캡은 친절하고 편리한 만큼 요금이 비싸지만, 영국 여행 중 한번쯤 타 보는 것도 재미있는 체험이 될 것이다. 미터에 따라 요금이 책정되며, 시내 번화가에서도 쉽게 잡을 수 있다. 미니캡은 호출 택시로 미터기가 없고 보통 목적지에 따라 요금을 정한다. 날짜, 시간, 목적지, 출발 장소 등을 알리고 미리 예약하면 되므로, 상황에 따라 가격을 흥정할 수도 있다. 장거리를 이동할 때는 미니캡이 블랙캡보다 요금이 저렴해서 좋지만 늦은 밤 이용할 때는 안전에 주의해야 한다.

뉴욕의 택시는 '옐로우캡(Yellow Cab)'이라고 부른다. 옐로우캡은 안전상의 이유로 조수석에 승객을 잘 태우지 않으며 요금의 10~15%를 팁으로 지불해야 한다.

그러나 근래 뉴요커(New Yorker)나 런더너(Londoner)들은 블랙캡과 옐로우캡 대신 차량 공유 서비스인 우버(Uber) 택시 이용을 더 선호한다.

워털루행 표 한 장 주세요.

 A ticket to Waterloo, please.

 Okay.

워털루행 표 한 장 주세요.

네, 알겠습니다.

*ticket 표, 승차권

*Waterloo 워털루(런던에 위치한 철도역)

⊕ 정확한 문장은 "I'd like a one-way ticket to Waterloo, please."이다.

 세 번씩 따라 말해 보세요!

워털루행 표 한 장 주세요.
A ticket to Waterloo, please.

▶ mp3 04-42 ✔ 2 3

➕ 윔블던행 표 두 장 주세요.
Two tickets to Wimbledon, please.

워털루행 편도표 한 장 주세요.
A one-way ticket to Waterloo, please.

뉴몰든행 왕복표 두 장 주세요.
Two round-trip tickets to New Malden, please.

one-way ticket 편도표
round-trip ticket 왕복표

➕ 미국에서 '편도'는 one way, '왕복'은 round trip이라고 하며, 영국에서는 각각 single, return 이라고 한다.

➕ 뉴몰든은 런던 교외 지역에 있는 유럽 최대의 한인타운이다.

오전 10시 표로 주세요.
A ticket for 10 a.m., please. (ten)

▶ mp3 04-43 ✔ 2 3

➕ 오후 3시 표로 주세요.
A ticket for 3 p.m., please. (three)

저녁 8시 표로 주세요.
A ticket for 8 p.m., please. (eight)

➕ 만약 어른 둘, 아이 한 명이 함께 기차를 이용한다면 "Tickets for two adults and one child."라고 하면 된다.

a ticket for ~의 표
a.m. 오전(라틴어 ante meridiem의 약어)
p.m. 오후(라틴어 post meridiem의 약어)

일반석은 얼마인가요?
How much is the second class?

▶ mp3 04-44 ✔ 2 3

➕ 일등석은 얼마인가요?
How much is the first class?

창가 자리로 주세요.
A window seat, please.

통로 자리로 주세요.
An aisle seat, please.

➕ 가족이나 일행과 함께 앉기 위해 다른 사람에게 자리를 바꿔달라고 할 때는 "Could we exchange seats?"라고 말해 보자.

how much is
~ 얼마예요?
second class 일반석
first class 일등석
window seat 창가 자리
aisle seat 통로 자리

01 다음 영어 단어에 맞는 뜻을 찾아 줄을 이어 보세요.

① how much is   ·   ·   ~ 얼마예요?

② one-way ticket   ·   ·   통로 자리

③ round-trip ticket   ·   ·   왕복표

④ aisle seat   ·   ·   편도표

02 다음 우리말 단어를 영어로 바꿔 써 보세요.

① 표, 승차권 _____   ② 일반석 _____

③ 일등석 _____   ④ 창가 자리 _____

03 다음 우리말 표현에 맞게 단어를 골라 문장을 완성해 보세요.

> 보기   aisle seat | 3 p.m. | How much | A ticket

① 워털루행 표 **한 장** 주세요.

_____ to Waterloo, please.

② **오후 3시** 표로 주세요.

A ticket for _____ , please.

③ 일반석은 **얼마인가요?**

_____ is the second class?

④ **통로 자리로** 주세요.

An _____ , please.

04 다음 우리말 표현을 영어로 말해 보세요.

①  워털루행으로

☑ ② ③

② 편도표 한 장 주세요   윔블던행으로

① ② ③

③ 얼마예요?   일반석은

① ② ③

④ 오후 3시 표로 주세요

① ② ③

여행 TIP

런던 시외로 나가고 싶다면 기차를 이용하면 편리하다. 티켓은 편도보다는 왕복으로 구입하는 것이 훨씬 경제적이며, 기차표를 구입하는 방법은 현장 매표소에서 직원을 통해 구입하는 방법과 티켓 자동발매기를 통해 구입하는 방법, 그리고 인터넷으로 예매하는 방법이 있다. 기차표는 미리 예매할수록 가격이 저렴하니 영국 여행 계획이 있다면 한국에서 출발하기 전에 예매해 두면 좋다.(뉴욕도 영국과 마찬가지로 매표소와 티켓 자동발매기에서 구입이 가능하다.)

영국의 기차 여행은 티켓값이 다소 비싸지만, 서비스와 시설이 좋고 또 열차 바깥으로 펼쳐지는 영국 특유의 전원 풍경을 감상하기에 더없이 좋다. 기차 일등석에는 와이파이도 제공되고, 좌석마다 콘센트가 있어서 노트북 사용과 핸드폰 충전도 가능하다. 그리고 커피와 음료, 와인도 준비되어 있으며 간단한 식사도 제공된다.

그리고 영국의 모든 기차역 플랫폼에서 항상 들을 수 있는 안내 방송, "Mind the gap between the train and the platform."은 바로 '기차와 승강장 사이의 간격이 넓으니 조심하시기 바랍니다'라는 뜻이다.

호텔에 오니 이제 여행이 시작되는 기분이야!

짐 풀고 커피 한 잔, 음~

그럼 체크인부터! 객실은 어떨까?

디저트도 야무지게 먹어야지!

아침은 든든하게!

PART 05

숙소

체크인할게요.

Check-in, please.

Sure, I'll help you with that.

 체크인할게요.

 네, 도와 드리겠습니다.

*check-in 체크인, 투숙(탑승)수속
*sure 그럼요
*I'll ~할게요 (I will의 축약형이다)
*help 돕다

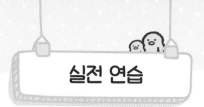

실전 연습

 세 번씩 따라 말해 보세요!

체크인할게요.
Check-in, please.

▶ mp3 05-12 ✔ 2 3

➕ 예약할게요.
Reservation, please.

이틀이요.
For two days.

일주일이요.
For one week.

reservation 예약

➕ for를 앞에 붙이면 '～동안'이
라는 의미가 된다. 예를 들어
'3일 동안'은 "For three days."
라고 말하면 된다.

싱글 침대로 할게요.
A single bed, please.

▶ mp3 05-13 ✔ 2 3

➕ 더블 침대로 할게요.
A double bed, please.

패밀리 룸으로 할게요.
A family room, please.

보조 침대 주세요.
An extra bed, please.

single bed 1인용 침대
double bed 2인용 침대
family room 가족실,
3~4인용 방
extra bed 보조 침대

➕ 더블베드 말고, 1인용 침대 두
개가 있는 방을 요청할 때는
"Twin beds, please."라고 하자.

고층 방으로 주세요.
A high-floor room, please.

▶ mp3 05-14 ✔ 2 3

➕ 저층 방으로 주세요.
A low-floor room, please.

조용한 방으로 주세요.
A quiet room, please.

전망 좋은 방으로 주세요.
A room with a nice view, please.

high floor 고층
low floor 저층
quiet 조용한
room 방
nice view 좋은 전망

01 다음 영어 단어에 맞는 뜻을 찾아 줄을 이어 보세요.

① reservation ·   · 예약

② high floor ·   · 조용한

③ quiet ·   · 고층

④ extra bed ·   · 보조 침대

02 다음 우리말 단어를 영어로 바꿔 써 보세요.

① 좋은 전망 _____   ② 1인용 침대 _____

③ 방 _____   ④ 가족실 _____

03 다음 우리말 표현에 맞게 단어를 골라 문장을 완성해 보세요.

보기   double bed | nice view | Check-in | low-floor room

① **체크인**할게요.

_____, please.

② **더블 침대로** 할게요.

A _____, please.

③ **저층 방으로** 주세요.

A _____, please.

④ **전망 좋은** 방으로 주세요.

A room with a _____, please.

04 다음 우리말 표현을 영어로 말해 보세요.

① 체크인할게요

_____

② 싱글 침대로 할게요

_____

③ 고층 방으로 주세요

_____

④ 조용한 방으로 주세요

_____

여행 TIP

  숙소를 저렴하게 이용하려면 여행을 떠나기 전에 미리 예약을 하자. 성수기(peak season)와 비수기(off season)에 따라 요금 차이가 많이 나기 때문에 자신의 예산에 맞게 예약을 하면 된다. 그리고 예약을 하면 이메일로 호텔 바우처(voucher)를 받게 된다. 여기서 호텔 바우처란 호텔 예약 확인증명서이다.

  그리고 예상보다 호텔에 일찍 도착했더라도 체크인(check-in)을 요청하면 된다. 얼리 체크인(early check-in)이 불가능하더라도 짐을 미리 보관할 수 있는 호텔도 있다. 또 호텔 수영장 역시 체크인 이전, 체크아웃 이후 시간에도 사용할 수 있는 경우도 있으므로, 문의해서 시간을 알차게 사용해 보자.

  체크인 시에는 바우처와 여권을 제시한다. 이메일로 받은 바우처를 직접 보여주거나, 미리 프린트한 종이를 보여줘도 된다. 이때 호텔에 따라 보증금(deposit)을 받기도 하는데, 이는 투숙하는 동안 객실 기물 파손이나 미니 냉장고 이용 요금을 차감하기 위해서이다. 보증금은 현금과 신용 카드 둘 다 결제가 가능하고, 체크아웃할 때 별 다른 문제가 없으면 보증금은 다시 돌려준다.

  호텔 체크인을 하며 궁금한 점이나 불편한 점이 있으면 망설이지 말고 바로 프런트에 문의를 하자.

 시설 이용

 mp3 05-21

식당은 몇 층이에요?

What floor is the restaurant on?

It's on the 5th floor. (fifth)

 식당은 몇 층이에요?

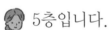 5층입니다.

* what floor 몇 층
* restaurant 식당
* fifth 5번째의

실전 연습

세 번씩 따라 말해 보세요!

식당은 몇 층이에요?
What floor is the restaurant on?
▶ mp3 05-22 ✔ 2 3

➕ 카페는 몇 층이에요?
What floor is the cafe on?
스카이라운지는 몇 층이에요?
What floor is the sky lounge on?
수영장은 몇 층이에요?
What floor is the swimming pool on?

cafe 카페
swimming pool 수영장
swimming 수영

와인 바는 몇 시에 여나요?
What time does the wine bar open?
▶ mp3 05-23 ✔ 2 3

➕ 헬스클럽은 몇 시에 여나요?
What time does the fitness center open?
비즈니스 센터는 몇 시에 여나요?
What time does the business center open?

what time 몇 시
wine 와인
bar 술집, 바
open 열다, 열려 있는
fitness center 헬스클럽
(=gym)
business center
비즈니스 센터

열쇠를 안전하게 보관해 주세요.
Please keep the key safe.
▶ mp3 05-24 ✔ 2 3

➕ 귀중품을 안전하게 보관해 주세요.
Please keep the valuables safe.
짐을 안전하게 보관해 주세요.
Please keep the luggage safe.
코트를 보관해 주세요.
Please keep the coat.

keep 보관하다
key 열쇠
safe 안전한
valuables 귀중품
luggage 여행용 짐(수하물)

확인 문제

01 다음 영어 단어에 맞는 뜻을 찾아 줄을 이어 보세요.

① restaurant ·   · 카페

② wine bar ·   · 헬스클럽

③ fitness center ·   · 와인 바

④ cafe ·   · 식당

02 다음 우리말 단어를 영어로 바꿔 써 보세요.

① 여행용 짐 _____ ② 보관하다 _____

③ 열쇠 _____ ④ 안전한 _____

03 다음 우리말 표현에 맞게 단어를 골라 문장을 완성해 보세요.

> 보기   swimming pool | open | valuables | What floor

① 스카이라운지는 **몇 층이에요**?

_____ is the sky lounge on?

② **수영장**은 몇 층이에요?

What floor is the _____ on?

③ 비즈니스 센터는 몇 시에 **여나요**?

What time does the business center _____?

④ **귀중품**을 안전하게 보관해 주세요.

Please keep the _____ safe.

04 다음 우리말 표현을 영어로 말해 보세요.

① 몇 층이에요? 식당은

☑ ② ③

② 몇 층이에요? 수영장은

① ② ③

③ 몇 시에 와인 바는 여나요?

① ② ③

④ 보관해 주세요 열쇠를 안전하게

① ② ③

여행 TIP

　해외 호텔의 조식은 간단한 빵 종류와 달걀 요리, 베이컨, 소시지 그리고 커피, 차, 주스 등으로 간소하게 나온다. 만약 아침에 식당에 가서 식사를 하는 게 부담스러우면 룸서비스를 하면 된다. 그리고 룸서비스 조식은 추가 비용을 지불해야 하는 경우도 있다. 만약 늦잠을 자서 조식 시간을 놓쳤다면 조식 쿠폰을 점심이나 간식 쿠폰으로 변경할 수 있는지 물어보자.

　호텔 서비스를 이용하거나 객실 내 불편한 부분에 대해 요청할 때는 프런트에 문의하면 된다. 호텔에 딸린 수영장, 헬스클럽, 비즈니스 센터, 사우나 등을 이용할 때도 무료 이용인지 아니면 추가 비용을 내야 하는지 프런트에 물어보면 된다. 또 귀중품이 있다면 객실 내 개인금고를 이용해도 되지만, 프런트에 맡길 수도 있다. (이때 이용 요금을 받는 경우도 있다.) 이처럼 프런트는 투숙객을 위한 대부분의 서비스를 제공하기 위해 24시간 직원이 상주하고 있다. 그러나 당장 해결이 안 될 수도 있고, 자신의 객실 담당 직원이 없을 수도 있으니, 만약 객실 내에 필요한 게 있으면 미리 요청하는 것이 좋다. 대개 아침에 외출하는 길에 요청하면 쉽게 해결된다.

 문제 해결

▶ mp3 05-31

리모컨이 안 돼요.

The remote control is not working.

OK. I'll change it for you.

리모컨이 안 돼요.

네, 바꿔 드릴게요.

*remote control 리모컨
*not working 작동이 안 되는
*change 바꾸다, 교체하다
⊕'리모컨'은 콩글리시이며
  remote control이 정확한 표현이다.
  현지에서는 remote라고도 한다.

실전 연습

세 번씩 따라 말해 보세요!

리모컨이 안 돼요.

The remote control is not working.

 mp3 05-32 ✔ 2 3

인터넷이 안 돼요.
The internet is not working.

헤어 드라이기가 안 돼요.
The hair dryer is not working.

에어컨이 안 돼요.
The air conditioner is not working.

internet 인터넷
hair dryer 헤어 드라이기
air conditioner 에어컨

수건 좀 더 주세요.

Some more towels, please.

 mp3 05-33 ✔ 2 3

비누 좀 더 주세요.
Some more soap, please.

치약 좀 더 주세요.
Some more toothpaste, please.

화장지 좀 더 주세요.
Some more toilet paper, please.

some more 좀 더
towel 수건, 타월
soap 비누
toothpaste 치약
toilet paper 화장지

방이 더러워요.

The room is dirty.

▶ mp3 05-34 ✔ 2 3

방이 추워요.
The room is cold.

방이 더워요.
The room is hot.

방이 비좁아요.
The room is cramped.

room 방
dirty 더러운, 지저분한
cold 추운, 차가운
hot 더운, 뜨거운
cramped 비좁은

확인 문제

01 다음 영어 단어에 맞는 뜻을 찾아 줄을 이어 보세요.

① toothpaste   ·   ·   헤어 드라이기

② hair dryer   ·   ·   치약

③ remote control   ·   ·   비좁은

④ cramped   ·   ·   리모컨

02 다음 우리말 단어를 영어로 바꿔 써 보세요.

① 수건 _____   ② 비누 _____

③ 추운, 차가운 _____   ④ 더운, 뜨거운 _____

03 다음 우리말 표현에 맞게 단어를 골라 문장을 완성해 보세요.

> 보기   toilet paper | not working | dirty | Some more

① 치약 **좀 더** 주세요.

_____ toothpaste, please.

② **화장지** 좀 더 주세요.

Some more _____, please.

③ 인터넷이 **안 돼요**.

The internet is _____.

④ 방이 **더러워요**.

The room is _____.

다음 우리말 표현을 영어로 말해 보세요.

① 좀 더 주세요   수건(을)

_____ ☑ ② ③

② 인터넷이   안 돼요

_____ ① ② ③

③ 방이   추워요

_____ ① ② ③

④ 방이   더워요

_____ ① ② ③

여행 TIP

해외여행 중 호텔에서 며칠을 보내다 보면 불편한 부분이 하나 둘 생기기 마련이다. 이런 불편 사항 또는 요구 사항이 생기면 지나치지 말고 호텔 직원에게 도움을 청하자.

☐ 샤워 용품이나 드라이기 등 필요 용품이 구비되어 있는지?
☐ 여러 날 묵을 경우 수건 교체나 룸 청소 그리고 세탁이 가능한지?
☐ 미니바 음식의 유통기한이 지나지는 않았는지, 음료나 음식의 밀봉이 열려 있는지?
☐ 방의 청소 상태가 양호한지? 옆방이 시끄러운지?

호텔에 준비된 물품을 예약 시 미리 체크하면 불필요한 짐을 줄일 수 있다. 또 각종 호텔 시설이 무료인지 추가 비용이 드는지 미리 확인하면 예상치 못한 지출을 줄일 수도 있다. 만약 방 상태가 좋지 않거나 옆방이 시끄러우면 방 변경을 요청해 보자.

 체크아웃

▶ mp3 05-4l

체크아웃할게요.

I'd like to check out.

Yes, sir.

체크아웃할게요.

네, 손님.

*check out 체크아웃하다
(호텔 등에서 비용을 지불하고 나가다)

⊕ I'd like to는 I would like to의 축약
형이며, '~하고 싶다'라는 뜻이다.

실전 연습

세 번씩 따라 말해 보세요!

체크아웃할게요.

I'd like to check out.

▶ mp3 05-42 ✔

➕ 체크아웃은 몇 시인가요?
What time is the check-out?

체크아웃을 늦게 할 수 있나요?
Can I check out late?

하룻밤 더 지낼 수 있나요?
Can I stay one more night?

한 주 더 지낼 수 있나요?
Can I stay another week?

time	시간
late	늦은
stay	지내다, 머물다
one more	하나 더
night	밤
another	또 하나
week	주, 일주일

수영장을 이용해도 되나요?

Can I use the pool?

▶ mp3 05-43 ✔

➕ 스파를 이용해도 되나요?
Can I use the spa?

헬스클럽을 이용해도 되나요?
Can I use the fitness center?

비즈니스 센터를 이용해도 되나요?
Can I use the business center?

Can I use
～을 이용해도 되나요?
use 이용하다, 쓰다
(swimming) pool 수영장
spa 온천
fitness center 헬스클럽
business center
비즈니스 센터

고맙습니다, 좋은 시간 보냈어요.

Thank you, I had a great time.

▶ mp3 05-44 ✔ 2 3

➕ 고맙습니다, 행복한 시간 보냈어요.
Thank you, I had a happy time.

고맙습니다, 즐거운 시간 보냈어요.
Thank you, I had a fun time.

고맙습니다, 아주 즐거웠습니다.
Thank you, I enjoyed a lot.

thank 감사하다, 고마워하다
great (아주) 좋은, 대단한
time 시간
happy 행복한
fun 즐거운
enjoy 즐기다

01 다음 영어 단어에 맞는 뜻을 찾아 줄을 이어 보세요.

① can I use · · 지내다, 머물다

② stay · · ~을 이용해도 되나요?

③ spa · · (아주) 좋은, 대단한

④ great · · 온천

02 다음 우리말 단어를 영어로 바꿔 써 보세요.

① 늦은 _____ ② 밤 _____

③ 비즈니스 센터 _____ ④ 감사하다 _____

03 다음 우리말 표현에 맞게 단어를 골라 문장을 완성해 보세요.

> 보기   Can I stay | great time | check-out | Can I use

① **체크아웃**은 몇 시인가요?

What time is the _____?

② 하룻밤 더 **지낼 수 있나요**?

_____ one more night?

③ 수영장을 **이용해도 되나요**?

_____ the pool?

④ 고맙습니다, **좋은 시간** 보냈어요.

Thank you, I had a _____.

04 다음 우리말 표현을 영어로 말해 보세요.

① 몇 시인가요?　　체크아웃은

_____ ☑ ② ③

② 할 수 있나요?　　체크아웃을　　늦게

_____ ① ② ③

③ 지낼 수 있나요?　　하룻밤 더

_____ ① ② ③

④ 내가 가졌어요　　좋은 시간을

_____ ① ② ③

여행 TIP

여행 짐은 퇴실 전날 여유를 가지고 정리하자. 출발 당일 아침에 서두르다 보면 물건을 빠트리고 나올 수도 있다. 방을 나서기 전에는 빠진 짐이 없는지 꼼꼼하게 다시 확인하자. 특히 여권, 귀중품을 비롯한 냉장고 안에 물건을 남기지는 않는지 확인하자.

호텔 퇴실 시간은 대부분 다음 날 오전 11시~12시 사이다. 만약 퇴실을 조금 늦게 하고 싶다면 가능한지, 추가 요금이 있는지도 미리 문의하자. 퇴실 후에도 수영장이나 사우나 등은 이용할 수 있는 곳이 많기 때문에 미리 확인해 두면 시간을 알차게 보낼 수 있다. 또 귀국하는 비행기가 늦게 있는 경우에는 퇴실하면서 짐을 프런트에 보관해두면 여행 가방을 들고 다녀야 하는 불편을 덜 수 있다.

퇴실 후에는 공항까지 어떻게 이동할지, 시간이 얼마나 걸릴지 꼼꼼히 계획해두는 것이 좋다. 호텔에 따라 공항까지 이동하는 무료 셔틀버스를 운행하는 경우도 있으니, 배차 간격을 확인 후 이용하면 된다.

런더너처럼 동네펍에서 맥주 한 잔!

호기롭게 레어 시도! 괜찮을까?

현지 맛집을 찾아 점심도 든든하게!

간식인 듯, 간식 아닌 든든한 피쉬앤칩스!

동네 사람처럼 점심밥 먹기!

PART 06

식당 I

😺 예약 및 자리 문의　　　　　　　▶ mp3 06-11

자리 있나요?

 Can we have a table?

 How many of you?

 We are three of us.

🦁 자리 있나요?

👩 몇 분이세요?

🦁 세 명이에요.

＊table 식탁, 탁자

＊how many 얼마나 많은, 몇 사람

실전 연습

세 번씩 따라 말해 보세요!

예약하고 싶어요.

I'd like to make a reservation.

▶ mp3 06-12 ✔ 2 3

➕ 저녁으로 예약하고 싶어요.
I'd like to make a reservation for dinner.

점심으로 예약하고 싶어요.
I'd like to make a reservation for lunch.

레이나로 예약했어요.
I made a reservation under the name of Raina.

make a reservation
예약하다
reservation 예약
dinner 저녁 (식사)
lunch 점심 (식사)
under the name of
~라는 이름으로

자리 있나요?

Can we have a table?

▶ mp3 06-13 ✔ 2 3

➕ 두 명(을 위한) 자리 있나요?
Can we have a table for two?

네 명(을 위한) 자리 있나요?
Can we have a table for four?

✛ 여행 중 혼자 식당에 가게 되면 "I'm here alone."이라고 하면 된다.

창가 자리로 주세요.

A window seat, please.

▶ mp3 06-14 ✔ 2 3

➕ 금연석으로 주세요.
A nonsmoking seat, please.

조용한 자리로 주세요.
A quiet seat, please.

테라스 자리로 주세요.
A terrace seat, please.

다른 자리로 주세요.
Another seat, please.

window seat 창가 자리
seat 자리, 좌석
nonsmoking 금연의
quiet 조용한
terrace 테라스
another 또 하나, 다른

✛ please는 다른 사람에게 정중하게 부탁을 할 때 사용한다.

확인 문제

01 다음 영어 단어에 맞는 뜻을 찾아 줄을 이어 보세요.

① dinner   ·   ·   금연의

② reservation   ·   ·   예약

③ terrace   ·   ·   테라스

④ nonsmoking   ·   ·   저녁 (식사)

02 다음 우리말 단어를 영어로 바꿔 써 보세요.

① 조용한 _____   ② 점심 (식사) _____

③ 식탁 _____   ④ 또 하나, 다른 _____

03 다음 우리말 표현에 맞게 단어를 골라 문장을 완성해 보세요.

> **보기**   table | dinner | Another seat | reservation

① **저녁**으로 예약하고 싶어요.

I'd like to make a reservation for _____.

② 레이나로 **예약**했어요.

I made a _____ under the name of Raina.

③ 네 명(을 위한) **자리(식탁)** 있나요?

Can we have a _____ for four?

④ **다른 자리로** 주세요.

_____, please.

04 다음 우리말 표현을 영어로 말해 보세요.

① 제가   예약하고 싶어요

_____ ☑ 2️⃣ 3️⃣

② 자리(식탁) 있나요?   두 명을 위한

_____ 1️⃣ 2️⃣ 3️⃣

③ 창가 자리로   주세요

_____ 1️⃣ 2️⃣ 3️⃣

④ 조용한 자리로   주세요

_____ 1️⃣ 2️⃣ 3️⃣

여행 TIP

해외여행에서 빼놓을 수 없는 것 중 하나는 바로 먹거리다. 다양한 현지 음식을 접해 보는 것도 즐거운 경험이니 여행을 가기 전에 식당에 대해 미리 알고 방문하면 시간을 절약할 수 있어서 좋다. 그리고 구글맵이나 트립어드바이저 같은 앱을 참고해서 평점이 높은 식당으로 선택하면 성공할 확률이 높다.

인기가 많은 식당은 예약하지 않으면 장시간 기다려야 하니 방문하고자 하는 식당이 있다면 예약을 하자. 예약 앱을 통해서 미리 예약하고 가는 것도 좋은 방법이다. 보통 1~2주 전부터 예약할 수 있으니 원하는 날짜와 시간 그리고 인원을 체크하고 예약하면 된다. 만약 예약하지 못 했다면 오픈 시간보다 조금 일찍 가서 기다리자. 예약 없이 방문해서 기다려야 하면, 대략 시간을 물어보고 기다리는 동안 근처 골목을 구경하는 것도 작은 재미이다.

보통 식당에 가면 내가 원하는 테이블에 가서 바로 앉는 게 아니라 직원의 안내를 기다려야 한다. 인원 수를 얘기하고 자리가 있는지 물어보자. 특별히 원하는 자리가 있으면 요청하고, 혹시 직원이 안내해 준 자리가 마음에 들지 않는다면 다른 자리로 바꿔 달라고 이야기하면 된다.

02

 주문

▶ mp3 06-21

주문해도 될까요?

 Can I order?

Yes, sir.

 What kind of steak do you have?

주문해도 될까요?

네, 말씀하세요.

스테이크는 어떤 게 있나요?

*order 주문하다

*what kind of 어떤 종류의

*steak 스테이크

*do you have? ~가 있나요?

실전 연습

세 번씩 따라 말해 보세요!

수프는 어떤 게 있나요?

What kind of soup do you have?

▶ mp3 06-22 ✔ 2 3

➕ 샐러드는 어떤 게 있나요?
What kind of salad do you have?

음료는 어떤 게 있나요?
What kind of drink do you have?

후식은 어떤 게 있나요?
What kind of dessert do you have?

kind 종류
soup 수프
salad 샐러드
drink 음료, 마실 것
dessert 디저트

바짝 익혀 주세요.

Well-done, please.

▶ mp3 06-23 ✔ 2 3

➕ 중간으로 익혀 주세요.
Medium, please.

살짝 익혀 주세요.
Rare, please.

✦ 스테이크를 시키면 "How would you like your steak?"라고 묻는데, '스테이크는 어떻게 구워 드릴까요?'라는 말이다.

well-done 바짝 익힌
medium 적당히 익힌, 중간의
rare 살짝 익힌, 드문

물(생수) 주세요.

Still water, please.

▶ mp3 06-24 ✔ 2 3

➕ 얼음물 주세요.
Iced water, please.

소금 주세요.
Salt, please.

후추 주세요.
Pepper, please.

still water 생수
iced water 얼음물
salt 소금
pepper 후추

✦ 식당에서 제공되는 물은 대개 생수와 탄산수로 나뉜다. 탄산수는 sparkling water, bubbly water라고 한다.

01 다음 영어 단어에 맞는 뜻을 찾아 줄을 이어 보세요.

① steak   ·   · 바짝 익힌

② well-done   ·   · 스테이크

③ rare   ·   · 수프

④ soup   ·   · 살짝 익힌, 드문

02 다음 우리말 단어를 영어로 바꿔 써 보세요.

① 주문하다 _____   ② 음료 _____

③ 소금 _____   ④ 후추 _____

03 다음 우리말 표현에 맞게 단어를 골라 문장을 완성해 보세요.

> 보기   dessert | Medium | Iced water | What kind of

① 샐러드는 **어떤 게** 있나요?

_____ salad do you have?

② **후식은** 어떤 게 있나요?

What kind of _____ do you have?

③ **중간으로** 익혀 주세요.

_____, please.

④ **얼음물** 주세요.

_____, please.

04 다음 우리말 표현을 영어로 말해 보세요.

① 어떤 종류의   음료를   가지고 있나요?

_____ ☑ 2 3

② 어떤 종류의   디저트를   가지고 있나요?

_____ 1 2 3

③ 바짝 익혀   주세요

_____ 1 2 3

④ 소금을   주세요

_____ 1 2 3

여행 TIP

식당에서 직원을 부를 때는 "Excuse me!"라고 하면 된다. 직원과 조금 떨어져 있다면 손을 들어 직원을 부르자. 그리고 대화할 때는 'thank you'와 'please'를 자주 사용하자. 서로 존중하는 분위기에서 기분 좋게 대화할 수 있다.

주문은 먼저 음료부터 한다. 음료에는 물도 포함이 되어 있다. 우리나라에서는 물을 공짜로 주지만 뉴욕과 영국에서는 물에도 비용을 지불해야 한다. 만약 공짜로 물을 마시고 싶다면 tap water(수돗물)를 달라고 하면 된다. (하지만 영국의 수돗물에는 석회가 들어 있고 또 특유의 냄새와 맛이 나서 마시기 힘들 수도 있다.

그리고 스테이크는 굽기 정도에 따라 다양한 맛을 즐길 수 있다. 레어(rare)는 겉 부분만 익히고 안쪽은 70% 정도를 익히지 않은 것으로, 맛은 아주 부드럽고 쫄깃하며 풍부한 육즙을 가지고 있다. 미디엄(medium)은 겉 부분은 완전히 익히고 스테이크 안쪽은 70% 정도를 익힌 것으로, 고소한 맛과 부드러운 식감을 느낄 수 있다. 웰던(well-done)은 안쪽까지 완전히 익힌 스테이크로 단단하게 구워 씹는 맛을 즐길 수 있다.

 문제 해결   mp3 06-31

컵이 더러워요.

The cup is dirty.

Sorry. I'll change it for you.

컵이 더러워요.

네, 바꿔 드릴게요.

*cup 컵, 잔
*dirty 더러운
*change 바꾸다, 교체하다

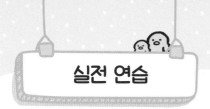

실전 연습

세 번씩 따라 말해 보세요!

컵이 더러워요.

The cup is dirty.

▶ mp3 06-32 ✔

➕ 포크가 더러워요.
The fork is dirty.

숟가락이 더러워요.
The spoon is dirty.

접시가 더러워요.
The plate is dirty.

fork 포크
spoon 숟가락
plate 접시, 그릇

음료는 언제 나오나요? (음료는 거의 준비됐나요?)

Is my drink almost ready?

▶ mp3 06-33 ✔

➕ 음식은 언제 나오나요? (주문한 것은 거의 준비됐나요?)
Is my order almost ready?

후식은 언제 나오나요? (후식은 거의 준비됐나요?)
Is my dessert almost ready?

✚ 이렇게 물어 보면 레스토랑 직원은 보통 '곧 나온다'는 뜻으로
"It's coming soon.", "It will be ready soon."이라고 말한다.

drink 음료, 마실 것
order 주문(주문한 음식)
almost 거의
ready 준비가 된
dessert 후식, 디저트

너무 짜요.

This is too salty.

▶ mp3 06-34 ✔

➕ 너무 싱거워요.
This is too bland.

너무 매워요.
This is too spicy.

너무 식었어요.
This is too cold.

너무 뜨거워요.
This is too hot.

salty (맛이) 짠, 소금이 든
bland (맛이) 싱거운, 심심한, 자극적이지 않은,
spicy 매운, 양념 맛이 강한
cold 차가운, 식은
hot 뜨거운, 더운

01 다음 영어 단어에 맞는 뜻을 찾아 줄을 이어 보세요.

① spicy ·   ·   싱거운, 자극적이지 않은

② salty ·   ·   뜨거운, 더운

③ bland ·   ·   매운, 양념 맛이 강한

④ hot ·   ·   (맛이) 짠, 소금이 든

02 다음 우리말 단어를 영어로 바꿔 써 보세요.

① 숟가락 _____   ② 접시, 그릇 _____

③ 음식 _____   ④ 차가운, 식은 _____

03 다음 우리말 표현에 맞게 단어를 골라 문장을 완성해 보세요.

> (보기)   salty | fork | This is | drink

① **포크가** 더러워요.

The _____ is dirty.

② **음료**는 언제 나오나요? (음료는 거의 준비 됐나요?)

Is my _____ almost ready?

③ 너무 **짜요**.

This is too _____.

④ **(이건)** 너무 싱거워요.

_____ too bland.

04 다음 우리말 표현을 영어로 말해 보세요.

①  컵이 　 더러워요

_____ ✔️ ② ③

② 숟가락이 　 더러워요

_____ ① ② ③

③ 나의 주문이 　 거의 준비됐나요? 　 (음식이 언제 나오나요?)

_____ ① ② ③

④ 너무 　 뜨거워요

_____ ① ② ③

여행 TIP

　미국과 영국의 스테이크 전문 레스토랑에서 스테이크 익힘 정도
는 한국보다 한 단계 덜 익힌다고 보면 된다. 내가 주문했던 것보
다 덜 익혀 나왔다면 "Cook this a little more, please."라고
이야기를 하자. 그러면 바로 가져가서 더 구워다 준다. 그렇다고
웰던으로 시키면 칼로 잘 안 썰릴 정도로 질길 수도 있다. 스테이
크 고기가 두껍기도 하고 일반적으로 지방이 거의 없는 소고기를
사용하기 때문이다. 우리나라에서 먹던 스테이크와 비슷한 맛
을 원한다면 립아이(rib eye) 부위를 시키면 된다.

계산서 주세요.

Check, please.

Yes, sir.

🐰 계산서 주세요.

🐶 네, 손님.

*check 계산서
*counter 계산대

실전 연습

세 번씩 따라 말해 보세요!

계산서 주세요.
Check, please.

▶ mp3 06-42 ✔ 2 3

➕ 영수증 주세요.
Receipt, please.

계산이 잘못됐어요.
The check is wrong.

영수증이 잘못됐어요.
The receipt is wrong.

receipt 영수증
wrong 틀린, 잘못된

✚ 영국에서는 계산서를 bill이라고
한다. 그래서 "계산서 주세요."
는 "Bill, please.", "계산이 잘못
됐어요"는 "The bill is wrong."
이라고 하면 된다.

샐러드는 주문하지 않았어요.
I didn't order the salad.

▶ mp3 06-43 ✔ 2 3

➕ 커피는 주문하지 않았어요.
I didn't order the coffee.

케이크는 주문하지 않았어요.
I didn't order the cake.

스테이크는 주문하지 않았어요.
I didn't order the steak.

I didn't 나는 ~하지 않았다
order 주문하다
salad 샐러드
coffee 커피
cake 케이크

✚ I didn't은 I did not의 축약형이다.

현금 되나요?
Do you take cash?

▶ mp3 06-44 ✔ 2 3

➕ 신용 카드 되나요?
Do you take credit cards?

여행자 수표 되나요?
Do you take traveler's checks?

유로(화) 받나요?
Do you take euros?

do you take ~되나요
(받나요)?
cash 현금, 돈
credit card 신용 카드
traveler's check
여행자 수표
euro 유로화(유럽 연합의
화폐 단위)

확인 문제

01 다음 영어 단어에 맞는 뜻을 찾아 줄을 이어 보세요.

① receipt　　　　　　　　　　영수증

② credit card　　　　　　　　주문하다

③ order　　　　　　　　　　　신용 카드

④ traveler's check　　　　　　여행자 수표

02 다음 우리말 단어를 영어로 바꿔 써 보세요.

① 계산서 ＿＿＿＿＿＿＿　　② 잘못된 ＿＿＿＿＿＿＿

③ 커피 ＿＿＿＿＿＿＿　　④ 현금 ＿＿＿＿＿＿＿

03 다음 우리말 표현에 맞게 단어를 골라 문장을 완성해 보세요.

> 보기　wrong ｜ traveler's checks ｜ I didn't ｜ Receipt

① **영수증** 주세요.

＿＿＿＿＿＿＿＿, please.

② 계산이 **잘못됐어요**.

The check is ＿＿＿＿＿＿.

③ 샐러드는 주문하지 **않았어요**.

＿＿＿＿＿＿＿ order the salad.

④ **여행자 수표** 되나요?

Do you take ＿＿＿＿＿＿?

04 다음 우리말 표현을 영어로 말해 보세요.

① 계산서   주세요

☑ 2 3

_____

② 영수증이   잘못됐어요

1 2 3

_____

③ 나는   주문하지 않았어요   케이크를

1 2 3

_____

④ 현금 되나요?

1 2 3

_____

여행 TIP

계산할 때 직접 계산대로 가서 계산하는 것이 일반적인 우리
와는 달리, 미국이나 유럽 등지에서는 대부분 직원이 계산서를
가져다주면 그때 계산을 한다. 식사를 마치고 자기 자리에서 직
원을 불러 계산서를 달라고 하면 바로 가져다 준다.

미국에서는 보통 푸드코트(food court)나 패스트푸드점
(fast food)을 제외하고는 팁 지급이 일상적인데 음식값의
15%~20% 정도 주는 것이 관례이다. 현금으로 결제를 할 때는
잔돈은 그냥 팁으로 하라고 이야기를 하면 된다. 이때 미소를 띠며 "Keep the change."라고 말해 보자!

영국에서는 계산서에 이미 10%~15% 정도의 봉사료(service charge)가 붙기 때문에 팁을 따로 주지 않
아도 된다. 그래서 팁 때문에 따로 신경 쓸 일은 없다. 만약 특별한 요청이나 음식에 요구 사항이 있었다면 팁
을 조금 더 남기는 게 서비스에 대한 감사의 표시이다.

올드카페에서 우아하게 티타임을!

갓 구운 모닝빵은 언제나 옳다!

명소는 명소, 줄을 대체 얼마나 서야 하는 거야!

다 맛있어서 고를 수가 없어!

PART 07

식당 II

 패스트푸드점 ▶ mp3 07-11

2번 세트 주세요.

The combo number two, please.

For here or to go?

For here, please.

2번 세트 주세요.

여기서 드시나요,
가지고 가시나요?

여기서 먹을게요.

*combo 세트(여러 종류의 음식을 함께 제공하는 것)

⊕ 만약 세트 메뉴가 어떤 음식으로 구성되어 있는지
궁금하면 "What's in the combo?"라고 물어 보자.

*number 수, 숫자

*for here 여기서 (안에서) 먹다

*to go 가지고 가다, 밖에서 먹다

⊕ 영국에서는 "Eat in or take away?"라고 한다

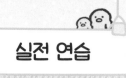

실전 연습

세 번씩 따라 말해 보세요!

2번 세트 (한 개) 주세요.
The combo number two, please.
▶ mp3 07-12 ✔ 2 3

> ➕ 햄버거만 한 개 주세요.
> **Just one burger, please.**
>
> 치즈버거 두 개 주세요.
> **Two cheeseburgers, please.**
>
> 햄버거랑 콜라 주세요.
> **One burger and one Coke, please.**

burger 햄버거
Coke 콜라

➕ 우리는 '세트'라고 하지만, 이는 콩글리시이다. 현지에서는 combo 또는 meal이라고 한다.

콜라 대신 사이다로 주시겠어요?
Can I have a Sprite instead of a Coke?
▶ mp3 07-13 ✔ 2 3

> ➕ 콜라 대신 오렌지 주스로 주시겠어요?
> **Can I have an orange juice instead of a Coke?**
>
> 콜라 대신 커피로 주시겠어요?
> **Can I have a cup of coffee instead of a Coke?**

Can I have ~를 주시겠어요?
instead of ~ 대신에
Sprite 스프라이트(사이다)
orange juice 오렌지주스

➕ 현지에서는 '콜라'를 Coke (코크)라고 한다.

빨대 좀 더 주세요.
Some more straws, please.
▶ mp3 07-14 ✔ 2 3

> ➕ 물티슈 좀 더 주세요.
> **Some more wet wipes, please.**
>
> 케첩 좀 더 주세요.
> **Some more ketchup, please.**
>
> 머스터드 좀 더 주세요.
> **Some more mustard, please.**

some more 조금 더
straw 빨대
wet wipe 물티슈
ketchup (토마토) 케첩
mustard 겨자, 머스터드 (소스)

확인 문제

01 다음 영어 단어에 맞는 뜻을 찾아 줄을 이어 보세요.

① orange juice ·   · 물티슈

② some more ·   · (토마토) 케첩

③ ketchup ·   · 조금 더

④ wet wipe ·   · 오렌지 주스

02 다음 우리말 단어를 영어로 바꿔 써 보세요.

① 세트 _____   ② 콜라 _____

③ 햄버거 _____   ④ 빨대 _____

03 다음 우리말 표현에 맞게 단어를 골라 문장을 완성해 보세요.

보기   Some more | cheeseburgers | instead of | Coke

① 햄버거랑 **콜라** 주세요.

One burger and one _____, please.

② 콜라 **대신** 오렌지주스로 주시겠어요?

Can I have an orange juice _____ a Coke?

③ **치즈버거** 두 개 주세요.

Two _____ , please.

④ 머스타드 **좀 더** 주세요.

_____ mustard, please.

04 다음 우리말 표현을 영어로 말해 보세요.

① （ 치즈버거 두 개 주세요 ）

_____ ☑ ② ③

② （ 햄버거 하나랑 ）  （ 주세요 ）

_____ ① ② ③

③ （ 주시겠어요? ） （ 커피를 ） （ 콜라 대신에 ）

_____ ① ② ③

④ （ 좀 더 주세요 ） （ 물티슈(를) ）

_____ ① ② ③

여행 TIP

맥도날드에 가면 빅맥이나 치즈버거처럼 전 세계 어디서나 파는 메뉴도 있지만, 현지에서만 먹어볼 수 있는 이색 메뉴를 주문해 보는 것도 재미있다. 요즘은 영국과 미국도 우리나라와 마찬가지로 무인 주문기(kiosk) 이용을 많이 하니 양파(onion), 토마토(tomato), 상추(lettuce), 피클(pickle) 등 내가 빼고 싶은 야채가 있으면 무인 주문기에서 간단히 빼면 된다.

그리고 런던에서는 공중화장실을 찾기가 힘들다. 만약 화장실이 급하다면 패스트푸드 점이나 유명 카페에 가면 화장실을 사용할 수 있다. 그리고 영국의 패스트푸드점 화장실은 유료지만 햄버거를 샀다면 무료로 이용할 수 있다.

카페

▶ mp3 07-21

아메리카노 한 잔 주세요.

One Americano, please.

Regular, please.

What size would you like?

MENU

 아메리카노 한 잔 주세요.

 어떤 사이즈로 드릴까요?

 레귤러로 주세요.

*americano 아메리카노
⊕ 에스프레소에 물을 부어 연하게 만든 커피.
*what size 어떤 사이즈
*regular 보통의, 일반적인
⊕ '중간' 사이즈는 medium이 아닌 '보통'의 뜻을 가진 regular라고 한다. 브랜드에 따라 잔 사이즈와 용량이 조금씩 다르니 매장의 메뉴판을 참고하여 주문하자.
⊕ one americano는 a cup of americano를 간단히 표현한 말이다.

실전 연습

세 번씩 따라 말해 보세요!

아메리카노 한 잔 주세요.
One americano, please.

▶ mp3 07-22

➕ 아이스 아메리카노 두 잔 주세요.
Two iced americanos, please.

작은 사이즈로 주세요.
Small size, please.

중간 사이즈로 주세요.
Regular size, please.

큰 사이즈로 주세요.
Large size, please.

small 작은
size 크기
iced 얼음을 넣은, 얼음이 든

✚ '아이스' 음료는 '얼음이 든'이라는 뜻의 iced를 사용한다. '따뜻한' 음료는 warm이 아닌 hot으로 말한다.

저지방 우유를 넣어 주세요.
I'd like low-fat milk, please.

▶ mp3 07-23

➕ 두유를 넣어 주세요.
I'd like soymilk, please.

시럽을 넣어 주세요.
I'd like syrup, please.

샷을 추가해 주세요.
Add an extra shot, please.

low-fat milk 저지방 우유
soymilk 두유
syrup 시럽
add 더하다
extra 추가의

✚ '시럽 한 번만 넣어주세요'는 "One pump of syrup, please." 라고 하면 된다.

휘핑크림은 빼 주세요.
No whipped cream, please.

▶ mp3 07-24

➕ 휘핑크림은 조금만 주세요.
A little bit of whipped cream, please.

시럽은 빼 주세요.
No syrup, please.

whipped cream 휘핑크림
a little bit 조금, 약간

확인 문제

01 다음 영어 단어에 맞는 뜻을 찾아 줄을 이어 보세요.

① iced ·   · 보통의, 일반적인

② regular ·   · 얼음이 든

③ low-fat milk ·   · 추가의

④ extra ·   · 저지방 우유

02 다음 우리말 단어를 영어로 바꿔 써 보세요.

① 작은 _____   ② 큰 _____

③ 시럽 _____   ④ 두유 _____

03 다음 우리말 표현에 맞게 단어를 골라 문장을 완성해 보세요.

> 보기 **Regular** | **iced** | **Add** | **I'd like**

① **아이스** 아메리카노 두 잔 주세요.

Two _____ Americanos, please.

② **중간** 사이즈로 주세요.

_____ size, please.

③ 두유를 **넣어** 주세요. (두유로 **할게요**.)

_____ soymilk, please.

④ 샷을 **추가해** 주세요.

_____ an extra shot, please.

126

04 다음 우리말 표현을 영어로 말해 보세요.

① 두 (잔의) 아이스 아메리카노 주세요

_____ ☑ ② ③

② 큰 사이즈로 주세요

_____ ① ② ③

③ 나는 할게요 두유를 (두유를 넣어 주세요.)

_____ ① ② ③

④ 빼 주세요 휘핑크림은

_____ ① ② ③

여행 TIP

해외에 가서 아이스 아메리카노를 주문할 때 대부분이 "Ice Americano, please."라고 말을 하는데 이건 틀린 표현이다. 정확한 표현은 "Iced Americano, please."이다. 그리고 영국은 우리나라만큼 아이스 커피를 즐기지 않기 때문에 얼음을 많이 넣어주지 않는다. 그래서 더운 여름 바깥에서 아이스 아메리카노를 마시다 보면 얼음이 금방 녹아 버린다. 만약 테이크 아웃을 하려면 얼음을 더 넣어 달라고 부탁하자. 그리고 진한 커피를 좋아하는 사람들은 영국의 커피가 연하게 느껴질 것이다. 그때는 샷을 추가하고, 라떼 대신 플랫 화이트를 추천한다. 플랫 화이트는 진한 에스프레소에 우유를 조금만 넣은 커피이다.

영국은 커피보다 차 문화가 더 발달한 나라다. 만약 영국을 여행하게 된다면 커피 대신 다과와 함께 차를 마셔보는 것도 좋은 경험이 될 것이다.

베이커리

▶ mp3 07-31

베이글 주시겠어요?

Can I get a bagel?

 Would you like cream cheese or butter?

 Cream cheese, please.

 베이글 주시겠어요?

 크림치즈로 발라 드릴까요,
아니면 버터로 발라 드릴까요?

 크림치즈요.

*Can I get ~? ~을 주시겠어요?

*bagel 베이글(도넛같이 생긴 딱딱한 빵)

*cream cheese 크림치즈

*butter 버터

⊕ would you like는 원래 '~하고 싶어요?'
라는 뜻이다.

실전 연습

 세 번씩 따라 말해 보세요!

치킨 샌드위치 주시겠어요?
Can I get a chicken sandwich?
▶ mp3 07-32 ✔ 2 3

참치 샌드위치 주시겠어요?
Can I get a tuna sandwich?

달걀 샌드위치 주시겠어요?
Can I get an egg sandwich?

연어 샌드위치 주시겠어요?
Can I get a salmon sandwich?

chicken 닭, 닭고기
tuna 참치
egg 달걀, 계란
salmon 연어
sandwich 샌드위치

✚ chicken에는 '겁쟁이'라는 뜻도 있다. "Don't be a chicken!(겁먹지 마!)", 'chicken out(겁먹고 포기하다)' 등의 표현이 있다.

베이글 한 개 주세요.
One bagel, Please.
▶ mp3 07-33 ✔ 2 3

플레인 베이글 주세요.
A plain bagel, please.

베이글을 구워 주세요.
Toast a bagel, please.

반으로 잘라 주세요.
Cut it in half, please.

plain 기본적인, 평범한
toast 굽다
cut 자르다
half 반, 절반

✚ toast는 '건배'의 뜻도 있다. 모임에서 술잔을 들며 '건배하자!'라고 말할 때는, "Let's make a toast!"라고 말하자.

딸기잼으로 할게요. (딸기잼을 발라 주세요.)
I'd like strawberry jam.
▶ mp3 07-34 ✔ 2 3

크림치즈로 할게요. (크림치즈를 발라 주세요.)
I'd like cream cheese.

버터로 할게요. (버터를 발라 주세요.)
I'd like butter.

딸기잼을 더 주세요.
More strawberry jam, please.

I'd like 나는 ~할게요
strawberry jam 딸기잼

✚ 교통 체증을 영어로 traffic jam이라고 하는데, 도로 위의 자동차들이 잼통 안의 잼처럼 서로 뒤엉켜 있는데서 나온 표현이다.

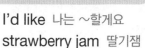

01 다음 영어 단어에 맞는 뜻을 찾아 줄을 이어 보세요.

① tuna · · 기본적인, 평범한

② salmon · · 연어

③ toast · · 굽다

④ plain · · 참치

02 다음 우리말 단어를 영어로 바꿔 써 보세요.

① 닭, 닭고기 _____   ② 달걀 _____

③ 자르다 _____   ④ 버터 _____

03 다음 우리말 표현에 맞게 단어를 골라 문장을 완성해 보세요.

보기   **Can I get** | **salmon** | **I'd like** | **Toast**

① 참치 샌드위치 **주시겠어요?**

_____ a tuna sandwich?

② **연어** 샌드위치 주시겠어요?

Can I get a _____ sandwich?

③ 베이글을 **구워** 주세요.

_____ a bagel, please.

④ 크림치즈**로** 할게요. (크림치즈를 **발라 주세요**.)

_____ cream cheese.

04 다음 우리말 표현을 영어로 말해 보세요.

① 주시겠어요?　　참치 샌드위치를

_____　☑ ② ③

② 주시겠어요?　　달걀 샌드위치를

_____　① ② ③

③ 반으로 잘라 주세요.

_____　① ② ③

④ 나는 ~할게요　　버터로　(버터를 발라 주세요.)

_____　① ② ③

여행 TIP

　영국에 가면 꼭 스콘을 맛보자. 겉은 바삭하고 안은 매우 부드러워 한번 먹으면 멈출 수가 없을 것이다. 여기에 딸기잼과 크림을 발라 티와 함께 먹으면 그 맛이 두 배가 된다.

　영국에 스콘과 티 문화가 있다면 뉴욕에는 바로 베이글과 커피가 있다. 아침에는 갓 구운 베이글을 맛볼 수 있는데, 정말 쫄깃하고 고소한 맛에 흠뻑 빠질 것이다. 게다가 아침에는 베이글과 커피 세트 메뉴를 저렴한 가격에 판다. 오후에는 구운 베이글을 먹어보자. 발라 먹는 크림치즈 역시 맛이 다양해 이것저것 추가하다 보면 가격이 꽤 비싸지겠지만 뉴욕에서 놓칠 수 없는 메뉴가 바로 베이글이다.

술집

▶ mp3 07-41

맥주 한 잔 주세요.

A glass of beer, please.

Sure.

맥주 한 잔 주세요.

네.

*beer 맥주

⊕ 건배를 할 때는 보통 "Cheers!"라고 하는데, 영국에서는 '고맙다'라는 뜻으로 thank you만큼 많이 사용한다. 영국에서 누군가에게 고마울 때는 "Cheers!"라고 말해보자.

실전 연습

세 번씩 따라 말해 보세요!

생맥주 있어요?

Do you have draft beer?

▶ mp3 07-42 ✔ 2 3

draft beer 생맥주
bottled 병에 든
bottle 병
wine 포도주, 와인
cocktail 칵테일

➕ 병맥주 있어요?

Do you have bottled beer?

와인 있어요?

Do you have wine?

칵테일 있어요?

Do you have cocktail?

✚ 병맥주는 '병에 든' 맥주이기 때문에 bottle beer가 아닌 bottled beer이다.

와인은 어떤 게 있나요?

What kind of wine do you have?

▶ mp3 07-43 ✔ 2 3

what kind of 어떤 종류의
snack 간식

➕ 맥주는 어떤 게 있나요?

What kind of beer do you have?

안주는 뭐가 있나요?

What kind of snacks do you have?

칵테일은 어떤 게 있나요?

What kind of cocktail do you have?

✚ 현지에서는 술을 마실 때 다른 음식을 많이 먹지 않기 때문에 '안주'라는 말 자체가 없다. 대신 간단한 먹거리를 원할 때는 snack, side dish, eatable이라는 말을 쓴다.

와인 한 잔 주세요.

A glass of wine, please.

▶ mp3 07-44 ✔ 2 3

glass 유리, (유리)잔
pitcher 피처, 항아리

➕ 생맥주 두 잔 주세요.

Two glasses of draft beer, please.

맥주 피처 하나 주세요.

A pitcher of beer, please.

✚ 영국 사람들은 맥주를 주문할 때, 상표를 말한다. 예를 들어 "A pint of Heineken, please."(하이네켄 한 잔이요)라고 말한다. pint는 영국 펍에서 흔히 사용하는 맥주잔으로, 약 570ml이다.

✚ 주전자나 항아리 형태의 용기에 담아 내오는 맥주를 a pitcher of beer라고 한다. 영국에서는 pitcher 대신 jug라는 단어를 쓴다.

01 다음 영어 단어에 맞는 뜻을 찾아 줄을 이어 보세요.

① do you have ·   · ～이 있나요?

② draft beer ·   · 병

③ bottle ·   · 생맥주

④ what kind of ·   · 어떤 종류의

02 다음 우리말 단어를 영어로 바꿔 써 보세요.

① 맥주 _____   ② 포도주 _____

③ 유리잔 _____   ④ 간식 _____

03 다음 우리말 표현에 맞게 단어를 골라 문장을 완성해 보세요.

> 보기   **What kind of** | **cocktail** | **draft beer** | **Do you have**

① 병맥주 **있어요?**

_____ bottled beer?

② **칵테일** 있어요?

Do you have _____?

③ **생맥주** 두 잔 주세요.

Two glasses of _____, please.

④ 와인은 **어떤 게** 있나요?

_____ wine do you have?

04 다음 우리말 표현을 영어로 말해 보세요.

① 당신은 가지고 있어요?   병맥주를   (병맥주 있어요?)

☑ ② ③

② 한 잔의   와인을   주세요

① ② ③

③ 두 잔의   생맥주를   주세요

① ② ③

④ 어떤 종류의 와인을   당신은 가지고 있나요?   (와인은 어떤 게 있나요?)

① ② ③

여행 TIP

　영국은 맥주를 마실 수 있는 곳을 펍(Pub)이라고 부른다. 펍은 'Public House'의 약자로, 영국의 동네를 걷다 보면 어디서나 쉽게 볼 수 있다.

　영국의 펍은 술집이라기보다는 동네 사랑방과 같다고 생각하면 된다. 펍에서는 큰 스크린을 구비해 놓고 영국 사람들이 좋아하는 축구를 자주 틀어 주는데 특히 매주 토요일과 일요일이 되면 EPL(English Premier League)를 보기 위해 많은 사람이 펍으로 모인다. 이처럼 일과를 마치고 저녁에 펍에 모여 맥주를 마시며 축구를 보는 것은 영국 사람들의 일상이다. 펍에는 맥주 외에 위스키, 칵테일 등 다양한 종류의 술이 있지만, 그중에서 영국 사람들은 라거를 즐겨 마신다. (영국 사람들은 맥주를 우리나라의 물처럼 즐겨 마신다.) 영국의 펍들은 11시쯤 문을 닫는데 그전에 마지막 오더를 알리기 위해 종을 친다. 그리고 영국 현지인들의 아침 식사를 맛보고 싶다면 동네 펍으로 가보자. 영국인들이 먹는 진짜 English Breakfast를 맛볼 수 있다.

주문을 외워 볼까, 알모호로라~!

영국 뮤지컬의 성지! 정말 꼭 봐야 해!

런던아이, 너란 아이! 꼭 타보고 말거야!

런던 명소 투어, 첫 번째는 빅벤!

런던 시티투어 버스로 여행해 볼까?

PART 08

관광

▶ mp3 08-11

관광 지도를 주시겠어요?

Can I get a tourist map?

Yes, here you are.

Tourist Information Center

🐰 관광 지도를 주시겠어요?

🧑 네, 여기 있습니다.

---

* Can I get ~? ~을 주시겠어요?
* tourist map 관광 지도
* tourist 관광객
* map 지도, 약도
⊕ "Here you are."(여기 있어요)는 주로 물건을 건넬 때 쓰는 표현이다.

실전 연습

세 번씩 따라 말해 보세요!

관광 지도를 주시겠어요?

Can I get a tourist map?

▶ mp3 08-12

➕ 관광 책자를 주시겠어요?
Can I get a tourist booklet?

시내 지도를 주시겠어요?
Can I get a city map?

지하철 노선도를 주시겠어요?
Can I get a subway map?

booklet 작은 책자, 소책자
city map 시내 지도(도시 지도)
city 도시
subway map
지하철 노선도

➕ 영국에서는 '지하철 노선도'를
tube map이라고 한다.

한국어로 된 지도가 있나요?

Do you have a map in Korean?

▶ mp3 08-13

➕ 한국어로 된 책자가 있나요?
Do you have a booklet in Korean?

한국어 안내원이 있나요?
Do you have a Korean guide?

do you have ~를 가지고
있나요?, ~가 있나요?
Korean guide
한국어 안내원

관광 명소를 추천해 주시겠어요?

Can you recommend any tourist attractions? ▶ mp3 08-14 ✔ 2 3

➕ 박물관을 추천해 주시겠어요?
Can you recommend any museums?

맛집을 추천해 주시겠어요?
Can you recommend any good restaurants?

➕ 흔히들 '맛집'을 delicious restaurant라고 하는데, 이는 잘못된 표
현이다. '식당'이 맛있는 것이 아니라 그 식당의 '음식'이 맛있기 때
문에, good restaurant 또는 famous restaurant라고 하면 된다.

Can you recommend
~를 추천해 주시겠어요?
recommend 추천하다
tourist attraction
관광 명소
tourist 관광객
attraction 명소
museum 박물관
good 좋은
restaurant 식당, 레스토랑

01 다음 영어 단어에 맞는 뜻을 찾아 줄을 이어 보세요.

① tourist map · · 명소

② booklet · · 관광 지도

③ recommend · · 책자

④ attraction · · 추천하다

02 다음 우리말 단어를 영어로 바꿔 써 보세요.

① 도시 _____ ② 안내원 _____

③ 관광객 _____ ④ 좋은 _____

03 다음 우리말 표현에 맞게 단어를 골라 문장을 완성해 보세요.

> 보기 Korean guide | recommend | good restaurants | Can I get

① 관광 책자를 **주시겠어요?**

_____ a tourist booklet?

② **한국어 안내원**이 있나요?

Do you have a _____?

③ 관광 명소를 **추천해** 주시겠어요?

Can you _____ any tourist attractions?

④ **맛집**을 추천해 주시겠어요?

Can you recommend any _____?

04 다음 우리말 표현을 영어로 말해 보세요.

① 내가 얻을 수 있나요? 　관광 지도를　 (관광 지도를 주시겠어요?)

_____ ☑ 2 3

② 당신이 가지고 있나요? 　한국어로 된 지도를　 (한국어로 된 지도가 있나요?)

_____ 1 2 3

③ 당신이 추천해 줄래요? 　어떤 박물관을　 (박물관을 추천해 주시겠어요?)

_____ 1 2 3

④ 당신이 추천해 줄래요? 　어떤 좋은 식당을　 (맛집을 추천해 주시겠어요?)

_____ 1 2 3

여행 TIP

　대부분의 사람은 인터넷이나 책을 통해서 여행지에 대한 정보를 미리 얻고 간다. 그런데 현지 관광 안내소에 가게 되면 최신 관광 프로그램이나 지금 열리는 지역 축제 등에 대한 정보를 얻을 수 있다. 관광 안내소는 공항과 기차역 그리고 시내 중심가에서 쉽게 찾을 수 있다.

　관광 안내소는 관광 상품을 판매하고 교통 노선에 대한 정보도 제공하며, 숙박 장소 예약 및 식당 예약에 이르기까지 폭넓은 서비스로 여행객들을 도와준다. 여행 전에 관광 계획을 제대로 세우지 못했거나 목적지까지 가는 방법이 헷갈릴 경우 관광 안내소를 이용하는 것도 좋은 방법이다. 그리고 휴대전화로 바로 지도를 확인할 수 없는 경우에는 종이 지도가 큰 도움이 된다.

　여러 나라를 여행하게 되면 관광 안내소에서 관광안내 책자나 지도, 지하철 노선도 등을 잘 챙겨두자. 여행이 끝난 후, 한국에 돌아오더라도 여행지를 기억하고 추억하기에 더없이 좋을 것이다.

입장료가 얼마예요?

How much is the admission fee?

It's $30 for three adults.
(thirty dollars)

🐱 입장료가 얼마예요?

😺 성인 3명은 30달러입니다.

*how much 얼마, 어느 정도
*admission fee 입장료
⊕ entrance fee도 같은 의미이다.
*admission 입장
*fee 요금, 수수료
*adult 성인, 어른

실전 연습

세 번씩 따라 말해 보세요!

입장료가 얼마예요?

How much is the admission fee?

▶ mp3 08-22 ✔ 2 3

➕ 성인은 얼마예요?
How much is it for adults?

어린이는 얼마예요?
How much is it for children?

총 얼마예요?
How much is it in total?

children 아이들(복수형)
child 어린이(단수형)
total 총, 합계

✚ 입장료는 모든 어른들과 어린이들에게 적용되므로 영어로 말할 때는 복수형으로 써야 한다.

성인 2명이요.

Two adults, please.

▶ mp3 08-23 ✔ 2 3

➕ 성인 2명, 어린이 1명이요.
Two adults, one child, please.

성인 1명, 어린이 2명이요.
One adult, two children, please.

성인 2명, 어린이 2명이요.
Two adults, two children, please.

✚ 영국도 우리나라와 마찬가지로 유아 요금, 어린이 요금, 청소년 요금, 성인 요금, 장애인 요금, 경로 우대 등으로 나누어져 있고, 보통 5세 이하의 유아는 입장료가 무료이다.

학생 할인이 되나요?

Can I get a discount for students?

▶ mp3 08-24 ✔ 2 3

➕ 어린이 할인이 되나요?
Can I get a discount for children?

가족 할인이 되나요?
Can I get a discount for family?

경로 할인이 되나요?
Can I get a discount for senior citizens?

get a discount
할인을 받다
discount 할인, 할인하다
student 학생
family 가족
senior citizen 어르신
senior 연장자
citizen 시민

---

01 다음 영어 단어에 맞는 뜻을 찾아 줄을 이어 보세요.

① admission fee · · 시민

② discount · · 연장자

③ citizen · · 입장료

④ senior · · 할인

02 다음 우리말 단어를 영어로 바꿔 써 보세요.

① 성인 _____ ② 어린이 _____

③ 총, 합계 _____ ④ 학생 _____

03 다음 우리말 표현에 맞게 단어를 골라 문장을 완성해 보세요.

보기 How much | One adult | senior citizens | for children

① 입장료가 **얼마예요**?

_____ is the admission fee?

② **어린이는** 얼마예요?

How much is it _____?

③ **성인 1명**, 어린이 2명이요.

_____, two children, please.

④ **경로(어르신)** 할인이 되나요?

Can I get a discount for _____?

04 다음 우리말 표현을 영어로 말해 보세요.

① 얼마예요?　　성인은

✔ 2 3

② 얼마예요?　　어린이는

1 2 3

③ 성인 2명　　어린이 1명이요

1 2 3

④ 내가 받을 수 있나요?　　할인을　　학생을 위한　(학생 할인 되나요?)

1 2 3

여행 TIP

　박물관이나 미술관에 갈 때는 미리 개관 시간과 폐관 시간, 휴관일 등을 반드시 알고 가야 일정에 차질이 생기지 않는다. 유명 관광지는 입장료 티켓 구매 시 어린이, 학생, 경로 등의 다양한 할인 혜택도 있으니 여권이나 국제학생증을 꼭 챙겨 가자. 그리고 보통 5세 이하의 유아는 무료이다.

　관광 명소의 티켓은 온라인에서 예매하면 좀 더 저렴하게 구매를 할 수 있다. 대부분 티켓은 온라인에서 예매해가는 경우가 많지만, 현지에서 티켓을 사야 하는 경우도 생길 수 있으니 간단한 표현 정도는 꼭 익혀서 가자.

　런던에서 여행 경비를 절약하려면 런던 패스(London Pass)를 구매하자. 런던 패스는 런던의 주요 관광지 80여 곳을 자유롭게 이용할 수 있는 통합 입장권이다. 그리고 영국은 관광 명소 입장료에 기부금이 포함되어 있는 경우가 있다. 티켓을 끊을 때 직원이 기부를 할 거냐고 묻는데, 선택은 자유이다.

사진 촬영

사진 좀 찍어 주시겠어요?

▶ mp3 08-31

Can you take a picture of me?

Sure, no problem.

🐰 사진 좀 찍어 주시겠어요?

👩 네, 찍어 드릴게요.

*take a picture 사진을 찍다

*picture 사진, 그림

*no problem 문제없다

⊕ 사진 촬영을 부탁을 했다가 핸드폰이나 카메라를 눈앞에서 도난당하는 경우가 있다. 이럴 때는 사진을 찍고 있는 가족여행객들에게 부탁하면 좀 더 안전하다.

실전 연습

세 번씩 따라 말해 보세요!

사진 좀 찍어 주시겠어요?

Can you take a picture of me?

▶ mp3 08-32 ✔ 2 3

➕ 동영상 좀 찍어 주시겠어요?

Can you take a video of me?

사진을 한 번 더 찍어 주시겠어요?

Can you take a picture of me one more time?

좀 멀리서 찍어주시겠어요?

Can you take a picture at a distance?

one more 한 번 더
video 동영상
distance 거리, 먼 곳

➕ '동영상을 찍다'라는 표현으로 shoot a video도 자주 사용한다.

여기서 사진 찍어도 되나요?

Can I take a picture here?

▶ mp3 08-33 ✔ 2 3

➕ 얼굴 중심으로 찍어 주세요.

Please focus on my face.

상반신만 찍어 주세요.

Just take it from the waist up.

here 여기에, 이곳
focus on 초점을 맞추다
face 얼굴
the waist up 허리 위
(상반신)
waist 허리

건물이 (배경으로) 나오게 찍어 주세요.

Get the building in the background, please. ▶ mp3 08-34 ✔ 2 3

➕ 풍경이 (배경으로) 나오게 찍어 주세요.

Get the scenery in the background, please.

바다가 (배경으로) 나오게 찍어 주세요.

Get the sea in the background, please.

동상이 (배경으로) 나오게 찍어 주세요.

Get the statue in the background, please.

building 건물
background 배경
scenery 경치, 풍경
statue 조각상

01 다음 영어 단어에 맞는 뜻을 찾아 줄을 이어 보세요.

① distance · · 경치, 풍경

② background · · 동상

③ scenery · · 거리, 먼 곳

④ statue · · 배경

02 다음 우리말 단어를 영어로 바꿔 써 보세요.

① 사진, 그림 _____ ② 동영상 _____

③ 얼굴 _____ ④ 건물 _____

03 다음 우리말 표현에 맞게 단어를 골라 문장을 완성해 보세요.

> 보기   **take a picture** | **background** | **the waist up** | **here**

① **사진**을 한 번 더 **찍어** 주시겠어요?

Can you _____ of me one more time?

② **여기서** 사진 찍어도 되나요?

Can I take a picture _____?

③ **상반신**만 찍어 주시겠어요?

Just take it from _____?

④ 동상이 **(배경으로)** 나오게 찍어 주세요.

Get the statue in the _____.

04 다음 우리말 표현을 영어로 말해 보세요.

① 당신이 찍어 주시겠어요? 나의 사진을 (사진 좀 찍어 주시겠어요?)

☑ 2 3

_____

② 당신이 찍어 주시겠어요? 나의 동영상을 (동영상 좀 찍어 주시겠어요?)

1 2 3

_____

③ 제가 사진 찍어도 되나요? 여기서 (여기서 사진 찍어도 되나요?)

1 2 3

_____

④ 건물이 나오게 해 주세요 배경으로

1 2 3

_____

여행 TIP

관광지에서 사진 촬영은 추억을 남기기 위한 필수 코스이다. 혼자 여행 중이라 사진 찍기가 곤란하거나 같이 간 일행과 단체 사진을 찍고 싶다면 이번에 배운 표현으로 사진 촬영을 부탁해 보자.

그리고 유명 관광지 특히, 박물관과 전시회를 다니다 보면 사진 촬영이 금지된 곳이 많다. 만약 촬영 금지 표시가 없다면 사진을 찍어도 되는지 먼저 물어보는 것도 좋다. 사진 촬영은 가능하지만, 플래시 사용이 금지된 경우도 있는데, 이는 사진을 찍을 때 플래시가 터지면서 나오는 불빛 때문에 작품에 손상이 가기 때문이다.

☐사진 촬영 금지. (No Photo Allowed.)
☐플래시 사용 금지. (No Flash Allowed.)
☐셀카봉 반입 금지. (No Selfie Sticks Allowed.)
☐삼각대 사용 금지. (No Tripod Allowed.)

그리고 최근 셀카봉으로 사진을 찍다가 사람이 다치거나 작품을 건드리는 경우가 생겨 셀카봉 또한 반입이 금지된 곳이 많다.

오늘 공연 표를 한 장 주시겠어요?

Can I have a ticket for today's show?

Sorry, we're all sold out.

🐰 오늘 공연 표를 한 장 주시겠어요?

 죄송합니다, 매진입니다.

*box office 매표소

*ticket 표, 티켓

*today 오늘

*show 쇼, 공연물

⊕ 현지에서는 연극이나 뮤지컬 같은
공연을 일반적으로 show라고 한다.

*sold out 표가 매진된, 다 팔린

⊕ we're은 we are의 축약형이다.

실전 연습

세 번씩 따라 말해 보세요!

오늘 공연은 뭐예요?
What is today's show?

▶ mp3 08-42 ✔ 2 3

> 내일 낮 공연은 뭐예요?
> What is tomorrow afternoon's show?
> 내일 밤 공연은 뭐예요?
> What is tomorrow night's show?

tomorrow 내일
afternoon 오후
night 밤

오늘 공연 표를 한 장 주시겠어요?
Can I have a ticket for today's show?

▶ mp3 08-43 ✔ 2 3

> 오늘 밤 공연 표를 한 장 주시겠어요?
> Can I have a ticket for tonight's show?
> 내일 낮 공연 표를 한 장 주시겠어요?
> Can I have a ticket for tomorrow afternoon's show?
> 내일 밤 공연 표를 한 장 주시겠어요?
> Can I have a ticket for tomorrow night's show?

Can I have~? 내가 ~ 가
질 수 있나요? (~주시겠어요?)
tonight 오늘 밤

✚ 교통 법규를 위반했을 때 벌
금 딱지도 ticket이라고 한다.
parking ticket은 '주차 위반 딱
지', speeding ticket은 '속도
위반 딱지'를 말한다.

1층 좌석으로 한 장 주세요.
I'd like a seat on the first floor.

▶ mp3 08-44 ✔ 2 3

> 2층 좌석으로 두 장 주세요.
> I'd like two seats on the second floor.
> 3층 좌석으로 한 장 주세요.
> I'd like a seat on the third floor.
> 붙어 있는 좌석으로 두 장 주세요.
> I'd like two seats next to each other.

✚ 런던의 공연장에는 층마다 이름이 정해져 있다. 1층은 stalls, 2층
은 royal circle, 그리고 3층은 grand circle이라고 한다.

✚ I'd like의 원래 의미는 '나는
~할게요'이고 I would like의
축약형이다.

first 첫 번째의
second 두 번째의
third 세 번째의
floor 층
next to each other
나란히, 붙어 있는

PART 08. 관광 | 151

01 다음 영어 단어에 맞는 뜻을 찾아 줄을 이어 보세요.

① box office ·   · 표가 매진된

② first ·   · 층

③ floor ·   · 첫 번째의

④ sold out ·   · 매표소

02 다음 우리말 단어를 영어로 바꿔 써 보세요.

① 공연 _____   ② 오늘밤 _____

③ 표, 티켓 _____   ④ 내일 _____

03 다음 우리말 표현에 맞게 단어를 골라 문장을 완성해 보세요.

> 보기   Can I have | next to each other | second floor | tomorrow

① **내일** 낮 공연은 뭐예요?

What is _____ afternoon's show?

② 오늘 밤 공연 표를 한 장 **주시겠어요**?

_____ a ticket for tonight's show?

③ **2층** 좌석으로 2장 주세요.

I'd like two seats on the _____.

④ **붙어 있는** 좌석으로 2장 주세요.

I'd like two seats _____.

04 다음 우리말 표현을 영어로 말해 보세요.

① 뭐예요?　　　오늘 공연은

_____ ☑ ② ③

② 내가 가질 수 있나요?　티켓을　오늘 밤 공연을 위한 (오늘 밤 공연 표를 한 장 주시겠어요?)

_____ ① ② ③

③ 나는 할게요　　좌석을　　1층에 있는 (1층 좌석으로 1장 주세요.)

_____ ① ② ③

④ 나는 할게요　　두 개의 좌석을　　붙어 있는 것으로 (붙어 있는 좌석으로 2장 주세요.)

_____ ① ② ③

여행 TIP

　여행 중에 공연을 관람하고 싶으면 미리 공연 일정을 확인하고 예약하는 게 좋다. 사전 예약을 하면 할인이 되거나 원하는 좌석에 앉을 수 있다. 공연이 시작되기 전, 박스 오피스(Box office)에서 현장 티켓으로 교환을 하면 되는데, 공연 시간보다 조금 일찍 가면 된다. 하지만 부득이한 사정으로 예약을 하지 못했다면, 책에서 배운 표현을 이용하여 표를 구매해보자. 당일 바로 공연을 보러 간다면 아침 일찍 데이싯을 사러 가자. Day seat은 당일 남은 좌석을 저렴하게 판매하는 것을 뜻한다. 그리고 앞자리를 얻기 위해서는 일찍 가서 미리 줄을 서는 게 좋다.

　영국의 공연장은 우리나라와 달리 공연 중 자유롭게 음식을 먹을 수 있는 곳도 있다. 심지어 맥주나 와인까지도 공연 관람 중 마실 수 있다. 공연장에서 파는 음료는 가격이 비싸니 미리 마실 음료를 준비해서 가는 것도 좋은 방법이다. 또 공연을 보기 전에 내용이나 정보를 미리 알아두면 재미가 두 배가 될 것이다.

　미국은 1, 2, 3층을 the first, second, third floor라고 한다. 영국은 1, 2, 3층을 the ground, first, second floor라고 한다. 다시 말해 영국에서는 first floor 가 2층이 된다. 그래서 영국의 모든 엘리베이터에는 1층(지상)을 뜻하는 Ground 의 G 버튼이 있다.

세일이면 무조건 산다!

해롯백화점도 놓칠 수 없어!

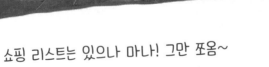

쇼핑 리스트는 있으나 마나! 그만 쪼음~

런던 패션의 중심, 카나비 스트리트!

금강산도 식후경이라지!

PART 09

쇼핑

 옷가게 & 신발가게

이거 입어 봐도 되나요?

Can I try this on?

Yes, of course.

🐰 이거 입어 봐도 되나요?

👩 네, 물론이죠.

*try on ~을 입어(신어) 보다
⊕ try 노력하다, 시도하다
*of course 물론이죠, 그럼요
*fitting room 탈의실(옷 입어보는 곳)

실전 연습

세 번씩 따라 말해 보세요!

셔츠를 찾고 있어요.

I'm looking for a shirt.

▶ mp3 09-12

➕ 바지를 찾고 있어요.

I'm looking for pants.

치마를 찾고 있어요.

I'm looking for a skirt.

하이힐 구두가 있나요?

Do you have high-heeled shoes?

I'm looking for ~를 찾고 있다
shirt 셔츠
pants 바지(영국에서는 trousers라고 한다.)
high-heeled 굽이 높은, 하이힐
heel 발뒤꿈치, 굽
shoes 신발

작은 치수로 주세요.

Small size, please.

▶ mp3 09-13

➕ 중간 치수로 주세요.

Medium size, please.

너무 작아요.

It's too small.

너무 껴요.

It's too tight.

small(S) 작은
medium(M) 중간의
large(L) 큰
size 크기
It's too~ 너무 ~하다
tight (옷이) 꽉 끼이는

이거 입어(신어) 볼게요.

I'll try this on.

▶ mp3 09-14

➕ 다른 거 입어(신어) 볼게요.

I'll try on another one.

이거 마음에 들어요.

I love this.

별로예요.

I don't like it.

I'll은 I will의 축약형이다.

another one 다른 것
love 사랑하다, 대단히 좋아하다
like 좋아하다, 선호하다

01 다음 영어 단어에 맞는 뜻을 찾아 줄을 이어 보세요.

① fitting room · · 높은 굽

② high-heeled · · 탈의실

③ shoes · · 다른 것

④ another one · · 신발

02 다음 우리말 단어를 영어로 바꿔 써 보세요.

① 바지 _____   ② 시도하다 _____

③ 중간의 _____   ④ 꽉 끼이는 _____

03 다음 우리말 표현에 맞게 단어를 골라 문장을 완성해 보세요.

> 보기 **Do you have** | **I'm looking for** | **another one** | **Medium**

① 치마를 **찾고 있어요**.

_____ a skirt.

② 하이힐 구두가 **있나요**?

_____ high-heeled shoes?

③ **중간** 치수로 주세요.

_____ size, please.

④ **다른 거** 입어(신어) 볼게요.

I'll try on _____.

04 다음 우리말 표현을 영어로 말해 보세요.

① 나는 찾고 있어요   셔츠를

_____   ☑ ② ③

② 작은 치수로   주세요

_____   ① ② ③

③ 내가 이거 입어 볼게요

_____   ① ② ③

④ 나는 대단히 좋아해요   이것을   (이거 마음에 들어요.)

_____   ① ② ③

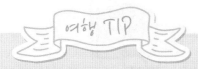

여행 TIP

　유럽 여행 중 아울렛 매장을 방문하게 되면 해외 명품 브랜드 상품을 저렴한 가격에 살 수 있다. 영국에서는 런던 근교에 있는 비스터 빌리지(Bicester Village)를 방문해 보기를 바란다.

　비스터 빌리지를 가는 방법은 기차와 셔틀버스가 있다. 셔틀버스는 비스터 빌리지 홈페이지에서 신청을 하면 되는데, 방문 날짜와 버스 탑승 장소, 인원 수 등을 체크해서 신청한다. 그러면 내가 선택한 장소에서 버스를 타고 편하게 방문할 수 있다. 쇼핑은 현지인이 많이 몰리는 주말이 아닌 평일에 하는 것이 좋고, 평일이라도 오후는 피하는 것이 좋다. 어느 매장이든 관광객들이 많이 몰려 여유롭게 쇼핑을 즐기기 힘들 수도 있으니 말이다.

　그리고 한국과 사이즈 표가 다르기 때문에, 옷과 신발을 구매할 계획이면 해외 사이즈 표를 미리 확인하고 가자. 그리고 가장 중요한 것! 쇼핑을 하러 가기 전에 한국에서 어떤 물건을 살지 목록을 정해서 가도록 하자. 그렇지 않으면 쇼핑에 너무 많은 돈과 시간을 낭비할 수도 있다.

 마트

mp3 09-21

과일 코너는 어디예요?

 Where is the fruit section?

 It's in the aisle 6.

과일 코너는 어디예요?

6번 통로에 있어요

*Where is~? ~이 어디에 있나요?

*fruit 과일

*section 부분, 구획

*aisle 통로, 복도

⊕ 미국에서는 슈퍼마켓을 grocery store 라고 부른다. 또 물건 종류에 따른 '코 너'를 section이라 한다.

실전 연습

세 번씩 따라 말해 보세요!

쇼핑 카트는 어디 있나요?
Where is the shopping cart?
▶ mp3 09-22 ✔ 2 3

➕ 장바구니는 어디 있나요?
Where is the shopping basket?

고객 서비스 센터는 어디 있나요?
Where is the customer service center?

cart 카트(영국에서는 trolley라고 한다.)
basket 바구니
customer service center 고객 서비스 센터
customer 고객
service 서비스

과일 코너는 어디예요?
Where is the fruit section?
▶ mp3 09-23 ✔ 2 3

➕ 빵 코너는 어디예요?
Where is the bakery section?

음료 코너는 어디예요?
Where is the drinks section?

냉동식품 코너는 어디예요?
Where is the frozen food section?

bakery 빵집, 제과점
drink 음료, 마실 것, 술
(음료는 beverage라고도 한다.)
frozen food 냉동식품
frozen 냉동된
food 음식

우유를 찾고 있어요.
I'm looking for milk.
▶ mp3 09-24 ✔ 2 3

➕ 장난감을 찾고 있어요.
I'm looking for a toy.

비누를 찾고 있어요.
I'm looking for a soap.

치약을 찾고 있어요.
I'm looking for a toothpaste.

칫솔을 찾고 있어요.
I'm looking for a toothbrush.

toy 장난감
soap 비누
toothpaste 치약
toothbrush 칫솔

✤ soap은 '비누'라는 뜻 외에 '연속극' 이라는 뜻도 있다. 정확한 명칭은 soap opera인데, 여성들이 경제활동 을 하지 않던 과거에는 연속극의 주 시청자가 여성이었기 때문에 비누 회 사가 후원을 하며 생긴 이름이다.

PART 09. 쇼핑 | 161

01 다음 영어 단어에 맞는 뜻을 찾아 줄을 이어 보세요.

① basket ・ ・ 바구니

② customer ・ ・ 냉동식품

③ frozen food ・ ・ 고객

④ toothpaste ・ ・ 치약

02 다음 우리말 단어를 영어로 바꿔 써 보세요.

① 빵집, 제과점 _____ ② 통로, 복도 _____

③ 장난감 _____ ④ 비누 _____

03 다음 우리말 표현에 맞게 단어를 골라 문장을 완성해 보세요.

> 보기 frozen food | Where is | toothpaste | fruit

① 장바구니는 **어디 있나요**?

_____ the shopping basket?

② **과일** 코너는 어디예요?

Where is the _____ section?

③ **냉동식품** 코너는 어디예요?

Where is the _____ section?

④ **치약**을 찾고 있어요.

I'm looking for a _____.

04 다음 우리말 표현을 영어로 말해 보세요.

① 어디 있나요?   쇼핑카트가

_____ ☑ ② ③

② 어디예요?   음료코너는

_____ ① ② ③

③ 나는 찾고 있어요   우유를

_____ ① ② ③

④ 나는 찾고 있어요   비누를

_____ ① ② ③

여행 TIP

해외여행을 가면 그 나라의 유명 관광지를 구경하는 것도 좋지만 숙소 근처에 있는 마트도 꼭 한 번 둘러 보기를 바란다. 마트에 가게 되면 관광지에서는 느끼지 못했던 현지인들의 삶을 조금 더 들여다 볼 수 있고 여행객이 아닌 영국인, 미국인의 생활을 잠시나마 간접 체험을 할 수 있는 재미도 있다.

특히 대형 마트를 이용하게 되면 우리나라의 마트 운영과 크게 다르지 않기 때문에 장보기가 쉽다. (마트의 영업 시간은 지점마다 다르니 가기 전에 미리 확인을 하고 가자.)

영국은 교통비와 외식비가 비싸서 장바구니 물가도 비쌀 거라고 생각하지만, 마트 물가는 오히려 우리나라보다 저렴하다. 우리나라에서 구하기 어려운 향신료들도 저렴한 가격에 구입할 수 있고, 식료품의 질 또한 좋다. 그리고 아침 일찍 매장을 방문하게 되면 갓 구워 나온 따뜻한 빵을 맛 볼 수 있다. 또 샌드위치, 과자, 음료수 등이 있는 meal deal도 3~4파운드 정도로 저렴해서 간단히 한끼를 해결하기에 좋다.

계산

바지는 얼마예요?

How much are the pants?

It's $25.
(twenty five dollars)

바지는 얼마예요?

25달러입니다.

*how much   얼마

*pants   바지, 팬티

⊕ 미국에서는 '바지'를 pants, 영국에서는 trousers라고 한다. 그리고 바지는 가랑이가 둘이기 때문에 복수로 표현한다. 참고로 영국에서 pants는 '속옷'을 뜻한다.

실전 연습

세 번씩 따라 말해 보세요!

바지는 얼마예요?
How much are the pants?

▶ mp3 09-32 ✔

➕ 셔츠는 얼마예요?
How much is the shirt?

치마는 얼마예요?
How much is the skirt?

운동화는 얼마예요?
How much are the sneakers?

> shirt 셔츠
> skirt 치마
> sneakers 운동화(영국에서
> 는 trainers라고 한다.)

✦ '스니커즈'라는 이름은 '살금살금 가
다'라는 뜻의 sneak에서 생겼다. 운
동화 밑창이 고무로 되어 있어 걸
을 때 소리가 나지 않기 때문이다.

모두 다 해서 얼마예요?
How much is it in total?

▶ mp3 09-33 ✔

➕ 할인해서 얼마예요?
How much is it at a discount?

할인권이 있어요.
I have a discount ticket.

쿠폰이 있어요.
I have a coupon.

> total 총, 합계
> discount 할인
> discount ticket 할인 티켓
> coupon 쿠폰

신용 카드로 계산할게요.
I'll pay by credit card.

▶ mp3 09-34 ✔

➕ 현금으로 계산할게요.
I'll pay by cash.

모자는 사지 않았어요.
I didn't buy a hat.

지갑은 사지 않았어요.
I didn't buy a wallet.

✦ 영국에서는 동전을 넣어다니는 여성용 지갑을 purse라고 한다.
미국에서는 purse가 '핸드백'과 같은 의미로 쓰인다.

> pay 지불하다
> credit card 신용 카드
> cash 현금, 현찰
> buy 사다, 구입하다
> hat 모자
> wallet 지갑

✦ hat은 중절모처럼 테가 있는
모자를, cap은 야구모자처럼
앞에 챙이 있는 모자를 뜻한다.

01 다음 영어 단어에 맞는 뜻을 찾아 줄을 이어 보세요.

① sneakers · · 치마

② shirt · · 지갑

③ skirt · · 운동화

④ wallet · · 셔츠

02 다음 우리말 단어를 영어로 바꿔 써 보세요.

① 바지 _____ ② 총, 합계 _____

③ 현금 _____ ④ 모자 _____

03 다음 우리말 표현에 맞게 단어를 골라 문장을 완성해 보세요.

> 보기 How much | by credit card | discount | wallet

① 운동화는 **얼마예요**?

_____ are the sneakers?

② **할인**해서 얼마예요?

How much is it at a _____?

③ **신용 카드로** 계산할게요.

I'll pay _____.

④ **지갑**은 사지 않았어요.

I didn't buy a _____.

166

04 다음 우리말 표현을 영어로 말해 보세요.

① 얼마예요?　　치마는

☑ 2 3

---

② 나는 가지고 있어요　　쿠폰을　　(쿠폰이 있어요.)

1 2 3

---

③ 내가 계산할게요　　현금으로

1 2 3

---

④ 나는 사지 않았어요　　모자를

1 2 3

여행 TIP

출국 전 자신의 카드가 해외에서 결제 가능한지 미리 확인하자. 그리고 상점에 따라 결제가 불가능한 카드도 있으니, Visa와 Master 두 종류의 카드를 준비해서 가는 게 좋다. 쇼핑 후 영수증(receipt)은 꼭 챙기자. 교환과 환불할 때 필요하기 때문이다.

해외 쇼핑의 면세 한도는 600달러 이하이다. 600달러를 초과하게 되면 관세가 부과된다. 만약 면세 한도를 초과한다면, 입국 시 세관에 신고를 해야 한다.

영국의 할인 행사 용어

* 하나 사면 하나 무료(1+1) : Buy 1 get 1 free
* 두 개 사면 하나 무료(2+1) : Buy 2 get 1 free
* 두 개 사면 세 번째 것 무료 : Buy 2 get 3rd free
* 두 개를 하나의 가격에 : 2 for 1 (buy two for the price of one)
* 세 개를 두 개의 가격에 : 3 for 2 (buy three for the price of two)

 교환과 환불　　　　　　　　　　　 ▶ mp3 09-41

환불해 주시겠어요?

Can I get a refund?

Sure. Do you have your receipt?

🦁 환불해 주시겠어요?

😺 네, 영수증 가지고 계시나요?

*Can I get~? ~해 주시겠어요?

*refund 환불

*receipt 영수증

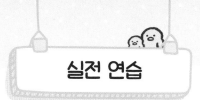

세 번씩 따라 말해 보세요!

환불해 주시겠어요?
Can I get a refund?

▶ mp3 09-42 ✔ 2 3

➕ 교환해 주시겠어요?
Can I get an exchange?

오늘 샀어요.
I bought it today.

어제 샀어요.
I bought it yesterday.

일주일 전에 샀어요.
I bought it a week ago.

exchange 교환
bought 샀다, 구입했다
(buy의 과거)
today 오늘
yesterday 어제
a week ago 일주일 전

찢어져 있어요.
It's torn.

▶ mp3 09-43 ✔ 2 3

➕ 깨져 있어요.
It's broken.

작동이 안 돼요.
It's not working.

얼룩이 있어요.
There is a stain.

흠집이 있어요.
There is a scratch.

torn 찢긴, 찢어져 있는
broken 깨진, 부러진, 고장난
is not working
작동이 안 되는
There is ~이 있다
stain 얼룩
scratch 긁힌 자국, 흠집

다른 것으로 바꾸고 싶어요.
I'd like to exchange it.

▶ mp3 09-44 ✔ 2 3

➕ 더 작은 치수로 바꾸고 싶어요.
I'd like to exchange it for a smaller size.

더 큰 치수로 바꾸고 싶어요.
I'd like to exchange it for a larger size.

exchange 교환하다, 바꾸다
smaller 더 작은
larger 더 큰
size 크기

01 다음 영어 단어에 맞는 뜻을 찾아 줄을 이어 보세요.

① refund ·   · 환불

② broken ·   · 더 작은

③ scratch ·   · 긁힌 자국, 흠집

④ smaller ·   · 깨진, 부러진, 고장난

02 다음 우리말 단어를 영어로 바꿔 써 보세요.

① 교환하다 _____   ② 찢긴, 찢어져 있는 _____

③ 얼룩 _____   ④ 더 큰 _____

03 다음 우리말 표현에 맞게 단어를 골라 문장을 완성해 보세요.

> 보기   I bought | stain | I'd like to | exchange

① **교환**해 주시겠어요?

Can I get an _____?

② 일주일 전에 **샀어요**.

_____ it a week ago.

③ **얼룩이** 있어요.

There is a _____.

④ 더 큰 치수로 바꾸고 **싶어요**.

_____ exchange it for a larger size.

170

04 다음 우리말 표현을 영어로 말해 보세요.

① (내가 받을 수 있나요?)　(환불을)　(환불해 주시겠어요?)

_____

② (나는 그것을 샀어요)　(오늘)　(오늘 샀어요.)

_____

③ (얼룩이 있어요)

_____

④ (나는 교환하고 싶어요)　(그것을)　(다른 것으로 바꾸고 싶어요.)

_____

여행 TIP

　　쇼핑을 마치고 구매한 물건을 살펴보면, 사이즈가 안 맞거나 색상이나 모양이 어울리지 않아 교환 (exchange)이나 환불(refund)하고 싶은 경우가 있다. 만약 택(tag)을 제거했더라도, 안 될 것이라고 미리 단정 짓지 말고 영수증을 가지고 매장을 방문해 보자. 상점과 브랜드마다 교환, 환불 정책이 다르긴 하지만, 비교적 쉽고 빠르게 처리할 수 있다.

교환 환불 TIP

1. 구매 전 환불 정책을 확인하고 구매 후에는 반드시 영수증(receipt)을 하나하나 확인하자. (비용이 더 청구되는 경우도 있기 때문이다.)
2. 세일 제품은 교환, 환불이 안 되는 경우도 있으니 구매 전 꼭 확인하자.
3. 구입한 물건의 박스나 사은품이 있다면 챙겨 가자. 없으면 교환이나 환불이 안 될 수도 있다.

　　무엇보다 가장 좋은 것은 좀 귀찮더라도 착용 후 물건을 사는 것이다. 사이즈 표만 보고 물건을 샀다가 맞지 않아서 교환이나 환불을 하러 가게 되면 그만큼 여행지에서 시간을 낭비하게 된다.

우리 친구할까?

시작은 맛있는 음식을 나누어 먹으며!

인스타그램으로 연락 하자!

한국에 놀러 오면
내가 가이드해줄게!

mp3 10-11

어디서 오셨어요?

Where are you from?

I'm from Korea.

어디서 오셨어요?

한국에서 왔어요.

*where 어디

*from 에서, ~로부터

*Korea 한국, 대한민국

⊕ 뉴욕시티(New York City)는 Big Apple이라고도 부른다. 이 말은 1920년대 스포츠기자 John J Fitz Gerald가 쓴 기사에서 유래하는데, 1970년대에 뉴욕을 관광도시로 홍보하기 위해 이 별칭을 사용하면서 더욱 알려지게 되었다. 런던(London)의 별칭은 Big Smoke인데, 1950년대 런던은 거주자가 증가하면서 난방용 석탄에서 어마한 양의 매연이 나왔다. 항상 뿌연 런던의 하늘을 빗댄 표현이다.

실전 연습

세 번씩 따라 말해 보세요!

어디서 오셨어요?
Where are you from?

▶ mp3 10-12

➕ 당신은 미국 어디서 오셨어요?
Whereabouts in America are you from?

나는 한국에서 왔어요.
I'm from Korea.

나는 한국의 서울에서 왔어요.
I'm from Seoul in Korea.

whereabouts 어디쯤
America 미국
I'm from 나는 ~에서 왔
어요, 나는 ~출신이에요

➕ 미국의 정식명칭은 USA(United States of America)이다.

미국 사람인가요?
Are you American?

▶ mp3 10-13

➕ 영국 사람인가요?
Are you British?

프랑스 사람인가요?
Are you French?

중국 사람인가요?
Are you Chinese?

British 영국의, 영국인
French 프랑스의, 프랑스인,
프랑스어
Chinese 중국의, 중국인,
중국어

이곳은 처음이에요?
Is this your first time here?

▶ mp3 10-14

➕ 뉴욕은 처음이에요?
Is this your first time in New York?

어디를 여행했어요?
Where did you travel?

어디가 가장 좋았어요?
What was your favorite place?

어디로 여행할 계획이에요?
Where do you plan to travel?

first time 처음
here 이곳, 여기
travel 여행하다
favorite 마음에 드는, 매우
좋아하는
place 장소, 곳
plan 계획, 계획하다

01 다음 영어 단어에 맞는 뜻을 찾아 줄을 이어 보세요.

① America · · 마음에 드는, 매우 좋아하는

② British · · 미국

③ first time · · 영국의, 영국인의

④ favorite · · 처음

02 다음 우리말 단어를 영어로 바꿔 써 보세요.

① 이곳, 여기 ＿＿＿＿＿＿ ② 여행하다 ＿＿＿＿＿＿

③ 장소 ＿＿＿＿＿＿ ④ 계획 ＿＿＿＿＿＿

03 다음 우리말 표현에 맞게 단어를 골라 문장을 완성해 보세요.

> 보기 I'm from | first time | plan | Whereabouts

① 당신은 미국 **어디서(어디 쯤에서)** 오셨어요?

＿＿＿＿＿＿＿＿ in America are you from?

② **저는** 한국의 서울에서 왔어요.

＿＿＿＿＿＿＿＿ Seoul in Korea.

③ 런던은 **처음**이에요?

Is this your ＿＿＿＿＿＿＿ in London?

④ 어디로 여행할 **계획**이에요?

Where do you ＿＿＿＿＿＿＿ to travel?

176

04 다음 우리말 표현을 영어로 말해 보세요.

①  나는 한국에서 왔어요

_____ ☑ 2 3

② 나는 서울에서 왔어요　　　한국에 있는

_____ 1 2 3

③ 당신은 미국 사람인가요?

_____ 1 2 3

④ 당신은 어디를 여행했어요?

_____ 1 2 3

여행 TIP

관광지나 숙소에서는 여러 나라의 친구들을 사귈 수도 있지만, 만약 현지인 친구를 사귀고 싶다면 관광지를 벗어난 조용한 주택가의 카페나 펍으로 가보자. 그곳에서 생활하고 있는 현지인을 만날 수 있다. 외국인 친구를 처음 만났을 때 '내가 이렇게 말하면 저 사람이 알아들을까?', '내 말이 문법적으로 틀린 게 아닐까?' 이런 고민은 잠시 접어 두자. 문법으로 문장을 만들어 말을 하려다 보면 머릿속에서 말이 맴돌고 입 밖으로 쉽게 나오지 않는다. 남의 시선을 신경 쓰지 말고 조금 틀리더라도 일단 입으로 말을 뱉어 보자. 그리고 친구가 건네는 말을 전부 알아듣지 못하더라도 핵심 단어만 듣고도 대화를 이어나갈 수 있다. 무엇보다 중요한 것은 틀리더라도 아는 단어들을 입에서 뱉어 말을 해보는 것이다.

최근에는 K-pop의 세계적인 인기로 한국과 한국 문화에 관심을 가지는 외국인들이 많이 늘고 있다. 외국인 친구에게 K-pop에 관해 소개하면 자연스럽게 대화가 이어질 수도 있다.

 소개하기 ▶ mp3 10-21

나는 레이나예요.

 What's your name?

 **I'm Raina.**

 It's nice to meet you.

GUEST HOUSE

 이름이 뭐예요?

 나는 레이나예요.

 만나서 반가워요.

*What's (What is)~? ~은 무엇인가요?

*name 이름

*meet 만나다

⊕ It's nice to meet you와 It's nice to see you는 헷갈
리기 쉬운 표현인데, 현지인들은 이렇게 사용한다.
 - (처음) 만나서 반가워요! It's nice to meet you.
 - (다시) 봐서 반가워요! It's nice to see you.

세 번씩 따라 말해 보세요!

나는 레이나예요.
I'm Raina.

▶ mp3 I0-22 ✔ 2 3

나는 스무 살이에요.
I'm 20 years old.

나는 부모님과 살고 있어요.
I live with my parents.

나는 남동생이 한 명 있어요.
I have one younger brother.

live 살다
parents 부모
younger brother 남동생

➕ brother는 '맙소사', '이런' 같은 놀람이나 짜증스러움을 표현할 때도 쓴다. "Oh boy."나 "Oh man."과 같은 의미다.

나는 학생이에요.
I'm a student.

▶ mp3 I0-23 ✔ 2 3

나는 주부예요.
I'm a housewife.

나는 회사원이에요.
I'm an office worker.

나는 개인 사업을 하고 있어요.
I run my own business.

student 학생
housewife 주부
office worker 회사원
own 자신의
business 사업

➕ run은 '달리다'라는 뜻 외에 '운영하다'라는 의미로도 쓰인다.

나는 운동을 좋아해요.
I like exercising.

▶ mp3 I0-24 ✔ 2 3

나는 여행을 좋아해요.
I like traveling.

나는 노래를 잘해요.
I'm good at singing.

나는 피아노 연주를 잘해요.
I'm good at playing the piano.

exercising 운동
be good at ~를 잘한다
singing 노래하기
playing the piano
피아노 연주하기

➕ 반대로 "나는 ~를 못해요"라는 표현은 "I'm bad at~"라고 하면 된다.

01 다음 영어 단어에 맞는 뜻을 찾아 줄을 이어 보세요.

① parents · · 회사원

② younger brother · · 남동생

③ housewife · · 주부

④ office worker · · 부모

02 다음 우리말 단어를 영어로 바꿔 써 보세요.

① 살다 _____ ② 자신의 _____

③ 운동 _____ ④ 사업 _____

03 다음 우리말 표현에 맞게 단어를 골라 문장을 완성해 보세요.

> 보기 parents | good at | traveling | office worker

① 나는 **부모님**과 살고 있어요.

I live with my _____.

② 나는 **회사원**이에요.

I'm an _____.

③ 나는 **여행**을 좋아해요.

I like _____.

④ 나는 피아노 연주를 **잘해요**.

I'm _____ playing the piano.

04 다음 우리말 표현을 영어로 말해 보세요.

① 나는 살고 있어요   나의 부모님과 함께

_____ ☑ 2 3

② 나는 학생이에요

_____ 1 2 3

③ 나는 운영하고 있어요   나의 개인 사업을 (나는 개인 사업을 하고 있어요.)

_____ 1 2 3

④ 나는 잘해요   노래를

_____ 1 2 3

여행 TIP

외국인 친구와 이야기를 나눌 때 자신의 영어 실력이 부족하다는 생각에 주눅이 들어서 상대방의 눈을 피하는 경우가 있는데, 그러면 상대방은 '이 자리가 불편한가?' 아니면 '나를 무시하는가?'라고 오해할 수도 있다. 영어 실력이 조금 부족하더라도 미소 띤 얼굴로 눈을 바라보며 대화를 해보자.

예쁘다, 멋지다, 잘 생겼다! 이런 말은 동서고금을 막론하고 누구나 좋아한다. 이런 칭찬은 분위기를 부드럽게 하지만, 외모에 대해 너무 구체적으로 얘기하는 것은 실례이다. 특히 머리가 금발이다, 얼굴이 작다, 눈이 크다 등의 이야기는 문화에 따라 다르게 해석할 수 있으니, 오해의 소지가 있는 이야기는 가급적 하지 않는 것이 좋다.

그리고 우리 문화와 다르게 외국인들은 나이에 상관없이 친구가 된다. 그러니 나이를 묻고 나이에 따라 서열을 매기려는 태도는 좋지 않다. 또 나이나, 직업, 결혼 여부 등과 같은 사생활을 처음부터 물어보는 것을 불편하게 생각한다. 개인적인 질문은 친분이 생긴 후에는 해도 늦지 않다.

 질문하기

▶ mp3 10-31

영화 좋아해요?

 Do you like movies?

 Yes, I like romantic comedies.

 영화 좋아해요?

 네, 로맨틱 코미디를 좋아해요.

*movie 영화

*romantic 로맨틱한, 낭만적인

*comedies 코미디 (단수형은 comedy)

실전 연습

세 번씩 따라 말해 보세요!

영화 좋아해요?
Do you like movies?
mp3 10-32

+ 음악 좋아해요?
Do you like music?
운동 좋아해요?
Do you like exercising?
요리하는 거 좋아해요?
Do you like cooking?

music 음악
exercising 운동
cooking 요리

어떤 책을 좋아해요?
What kind of books do you like?
mp3 10-33

+ 어떤 노래를 좋아해요?
What kind of music do you like?
어떤 음식을 좋아해요?
What kind of food do you like?
어떤 음료를 좋아해요?
What kind of drink do you like?

What kind of 어떤 (무슨)
종류의
book 책
food 음식
drink 음료, 마실 것

좋아하는 가수는 누구예요?
Who is your favorite singer?
mp3 10-34

+ 좋아하는 배우는 누구예요?
Who is your favorite actor?
좋아하는 작가는 누구예요?
Who is your favorite author?
좋아하는 운동 선수는 누구예요?
Who is your favorite athlete?

favorite 마음에 드는, 매우
좋아하는
singer 가수
actor (남자) 배우
('여자 배우'는 actress)
author 작가('시인'은 poet,
'소설가'는 novelist.)
athlete (운동)선수

01 다음 영어 단어에 맞는 뜻을 찾아 줄을 이어 보세요.

① exercising ·   · 운동선수

② singer ·   · 가수

③ author ·   · 작가

④ athlete ·   · 운동

02 다음 우리말 단어를 영어로 바꿔 써 보세요.

① 음악 _____   ② 책 _____

③ 배우 _____   ④ 시인 _____

03 다음 우리말 표현에 맞게 단어를 골라 문장을 완성해 보세요.

> 보기   cooking | favorite | singer | What kind of

① **요리하는 거** 좋아해요?

Do you like _____?

② **어떤 (종류의)** 책을 좋아해요?

_____ books do you like?

③ 좋아하는 **가수**는 누구예요?

Who is your favorite _____?

④ **좋아하는** 운동 선수는 누구예요?

Who is your _____ athlete?

04 다음 우리말 표현을 영어로 말해 보세요.

① ⬤ 어떤 (종류의) 책을 ⬤ 당신은 좋아해요?

_____ ✅ ☑2 ☑3

② ⬤ 어떤 (종류의) 음식을 ⬤ 당신은 좋아해요?

_____ ☑1 ☑2 ☑3

③ ⬤ 누구예요? ⬤ 당신이 좋아하는 가수는 (좋아하는 가수는 누구예요?)

_____ ☑1 ☑2 ☑3

④ ⬤ 누구예요? ⬤ 당신이 좋아하는 배우는 (좋아하는 배우는 누구예요?)

_____ ☑1 ☑2 ☑3

여행 TIP

처음 무슨 말을 해야 할지 막막하다면 외국인에게 사진을 찍어 달라고 해보자. 그리고 상대방에게 사진 찍는 것을 도와준 후, 감사의 인사를 하자. 그러면 자연스럽게 어느 나라에서 왔는지, 어디를 여행하는 중인지 등에 관해서도 이야기를 나눌 수 있을 것이다. 이 과정까지 한다면 벌써 외국인과 서너 문장 정도의 대화가 오가게 되는 셈이다.

그리고 좀 더 친해졌다면 취미와 좋아하는 것에 관해 이야기를 나누면서 공감대를 형성할 수도 있다. 앞에서 말했듯이 초면에 상대방의 나이, 학교, 직업 등에 대해 질문을 하는 것은 실례지만 취미나 좋아하는 것들에 대해 질문을 하고 관심을 보인다면 편안한 분위기를 만들 수 있다.

그리고 서로 여유가 되고 시간이 된다면, 공연이나 관광지를 동행할 수도 있다. 공연과 관람은 깊은 대화를 나누지 않아도 함께 시간을 보내며 좋은 분위기를 만들 수 있다. 처음부터 저녁 식사나 카페에서 만나자는 약속을 하면 대화를 많이 나누어야 하니 다소 부담스러울 수도 있다.

 연락처 주고받기 ▶ mp3 10-41

전화번호가 어떻게 되나요?

 What's your phone number?

 My number is 010-123-4567.

 전화번호가 어떻게 되나요?

 제 번호는 010-123-4567이에요.

＊what's what is의 축약형이다.

＊phone number 전화번호

실전 연습

세 번씩 따라 말해 보세요!

전화번호가 어떻게 되나요?

What's your phone number?

▶ mp3 10-42 ✔

➕ 집 주소가 어떻게 되나요?
What's your home address?

이메일 주소가 어떻게 되나요?
What's your email address?

트위터 아이디가 어떻게 되나요?
What's your Twitter ID?

home address 집 주소
email 전자 우편, 이메일
ID 신원, 신분증(identity 또는 identification의 약어)

➕ 트위터의 로고는 새 모양인데, twitter는 '새가 지저귀다'라는 뜻이 있다.

페이스북 하세요?

Are you on Facebook?

▶ mp3 10-43 ✔ 2 3

➕ 페이스북 친구해요.
Friend me on Facebook.

페이스북 친구 추가해요.
Add me on Facebook.

인스타그램 맞팔해요.
Let's follow each other on Instagram.

friend 친구
add 추가하다, 덧붙이다
follow 따라가다
let's ~하자
each other 서로

➕ follower는 자신의 SNS를 구독하는 사람을, following은 자신이 타인의 SNS를 구독하는 것을 말한다. '맞팔하자'는 간단히 "Follow for follow (F4F)."라고도 한다.

편지 쓸게요.

I'll write you a letter.

▶ mp3 10-44 ✔ 2 3

➕ 이메일 보낼게요.
I'll email you.

메신저로 이야기해요.
Let's talk on messenger.

쪽지 주세요.
Send me a DM.

write 쓰다
letter 편지
talk 말하다, 이야기하다
messenger 메신저
send 보내다
DM 트위터나 인스타그램 등 SNS의 쪽지(direct message의 약어)

01 다음 영어 단어에 맞는 뜻을 찾아 줄을 이어 보세요.

① home address ·   · 집 주소

② follow ·   · 서로

③ each other ·   · 따라가다

④ ID(identity) ·   · 신원, 신분증

02 다음 우리말 단어를 영어로 바꿔 써 보세요.

① 말하다, 이야기하다 _____   ② 쓰다 _____

③ 편지 _____   ④ 보내다 _____

03 다음 우리말 표현에 맞게 단어를 골라 문장을 완성해 보세요.

> 보기 Friend | letter | Let's talk | home address

① **집 주소가** 어떻게 되나요?

What's your _____?

② 페이스북 **친구해요**.

_____ me on Facebook.

③ **편지** 쓸게요.

I'll write you a _____.

④ 메신저로 **이야기해요**.

_____ on messenger.

04 다음 우리말 표현을 영어로 말해 보세요.

① (무엇인가요?)   (당신의 전화번호는)   (전화번호가 어떻게 되나요?)

_____   ✅ 2 3

② (페이스북 하세요?)

_____   1 2 3

③ (내가 쓸게요)   (당신에게)   (편지를)   (편지 쓸게요.)

_____   1 2 3

④ (나에게 주세요)   (쪽지를)   (쪽지 주세요.)

_____   1 2 3

여행 TIP

스마트폰과 인터넷의 대중화로 외국인 친구와 멀리 떨어져 있어도 SNS(Social Network Service, 사회 관계망 서비스)를 통해 자유롭게 소통이 가능해졌다. 근래 많이 사용하는 SNS에는 페이스북(Facebook), 인스타그램(Instagram) 그리고 트위터(Twitter) 등이 있다. (사실 SNS라는 말은 우리나라에서만 쓰는 콩글리시이고, 외국에서는 Social Media라고 부른다.)

여행하다 보면 외국인 친구들을 사귈 기회가 생긴다. 하지만 짧은 만남을 뒤로하고 헤어지기 아쉽다면 SNS 정보를 교환하자. SNS를 하면 한국에 돌아와서도 지구 반대편에 사는 외국인 친구와 서로 소통을 하며 우정을 쌓을 수 있다. SNS로 친구들의 사진과 동영상을 공유할 수도 있고 또 메시지를 보내 멀리 떨어져 있어도 서로의 소식을 확인하며 이야기를 나눌 수 있기 때문이다.

아프지 말고~! 아프면 병원으로 고고!

급할 땐 대사관으로!

어느 나라나 긴급구조센터가 제일 바쁜군!

즉시 경찰서에 신고하러 고고! #소지품 분실

난 지금 어디?

TRAVEL ENGLISH

 길을 잃음   mp3 11-11

길을 잃었어요, 도와주세요.

 I'm lost, please help me.

Where are you going?

 The nearest subway station.

길을 잃었어요, 도와주세요.

어디로 가세요?

가까운 지하철역이요.

*lost 길을 잃은

*nearest 가장 가까운

*subway station 지하철역

⊕ 영국에서는 '지하철'을 underground, 또는 Tube라고 한다.

실전 연습

세 번씩 따라 말해 보세요!

이 주소로 어떻게 가나요?

How can I get to this address?

▶ mp3 11-12 ✔

➕ 이 건물로 어떻게 가나요?

How can I get to this building?

트라팔가 광장으로 어떻게 가나요?

How can I get to Trafalgar Square?

런던대학교로 어떻게 가나요?

How can I get to London University?

How can i get~?
~에 어떻게 가나요?
address 주소
building 건물
square 광장
university 대학교
Trafalgar Square
트라팔가 광장(트라팔가 해전과
넬슨제독을 기념하여 만든 광장.)

이 길이 마트로 가는 길이 맞나요?

Is this the right way to the grocery store? ▶ mp3 11-13 ✔ 2 3

➕ 이 길이 도서관으로 가는 길이 맞나요?

Is this the right way to the library?

이 길이 우체국으로 가는 길이 맞나요?

Is this the right way to the post office?

이 길이 관광안내소로 가는 길이 맞나요?

Is this the right way to
the tourist information center?

grocery store 식료품점(마트)
right 옳은, 올바른
way 길, 방법
street 거리, 도로
library 도서관
post office 우체국
**tourist information
center** 관광안내소

걸어서 얼마나 걸려요?

How long does it take on foot?

▶ mp3 11-14 ✔

➕ 지하철로 얼마나 걸려요?

How long does it take by subway?

버스로 얼마나 걸려요?

How long does it take by bus?

택시로 얼마나 걸려요?

How long does it take by taxi?

how long 얼마나 (오래)
on foot 걸어서, 도보로(영
국에서는 by walk라고 한다.)
taxi 택시

✤ 미국 뉴욕의 택시는 노란색이
어서 Yellow cab(옐로캡), 영국
런던의 택시는 검은색이어서
Black cab(블랙캡)이라 한다.
옐로캡과 블랙캡은 각각 도시
를 떠올리게 하는 명물이다.

확인 문제

01 다음 영어 단어에 맞는 뜻을 찾아 줄을 이어 보세요.

① square ·   · 걸어서

② nearest ·   · 가장 가까운

③ lost ·   · 잃어버린

④ on foot ·   · 광장

02 다음 우리말 단어를 영어로 바꿔 써 보세요.

① 건물 _____   ② 거리, 도로 _____

③ 도서관 _____   ④ 지하철 _____

03 다음 우리말 표현에 맞게 단어를 골라 문장을 완성해 보세요.

> 보기   post office | How long | by bus | How can I get

① 이 주소로 **어떻게 가나요?**

_____ to this address?

② 이 길이 **우체국**으로 가는 길이 맞나요?

Is this the right way to the _____?

③ 걸어서 **얼마나 (오래)** 걸려요?

_____ does it take on foot?

④ **버스로** 얼마나 걸려요?

How long does it take _____?

04 다음 우리말 표현을 영어로 말해 보세요.

① 어떻게 내가 가나요?　　이 건물로　(이 건물로 어떻게 가나요?)

　　_____　　☑ ② ③

② 어떻게 내가 가나요?　　런던대학교로　(런던대학교로 어떻게 가나요?)

　　_____　　① ② ③

③ 이것이 옳은 길인가요?　　우체국으로 (가는 게)　(이 길이 우체국으로 가는 길이 맞나요?)

　　_____　　① ② ③

④ 얼마나 오래 걸려요?　　걸어서　(걸어서 얼마나 걸려요?)

　　_____　　① ② ③

여행 TIP

　　낯선 여행지에서 길을 잃게 되면 당황해서 지도 앱으로도 못 찾는 경우가 있다. 만약 길을 잃어 당황하면 알던 영어도 쉽게 입 밖으로 나오지 않을 수 있다. 길을 잃었을 때를 대비해서 내가 지내고 있는 숙소의 이름, 위치와 전화번호 등을 적어서 꼭 가지고 다니자. 숙소 정보만 보여주면 현지인도 쉽게 도움을 줄 수 있고 택시를 타게 되면 주소만 보여줘도 편하게 숙소로 찾아갈 수 있다.

　　아주 급할 때는 주변에서 한국인을 찾는 것이 가장 효과적이다. 유명 관광지에서는 한국 관광객들을 쉽게 만날 수 있어 도움을 받을 수 있다. 그리고 가족 또는 단체 관광을 갔다가 혼자 길을 잃게 되면 주위에서 가장 눈에 띄는 건물이나 가까운 지하철역 등에서 일행을 기다리자. 여행 중에는 일행끼리 위치 추적 앱을 이용하면 따로 떨어질 경우에 서로를 찾을 수 있어 편리하다.

　　간혹 차로 태워다 준다거나 목적지에 같이 가자고 하는 경우가 있다. 그럴 때는 정중히 거절하고 절대 따라가지 않도록 하자.

 분실 및 도난사고

▶ mp3 11-21

휴대전화를 잃어버렸어요.

 I lost my cellphone.

 Where did you lose it?

I don't remember.

 휴대전화를 잃어버렸어요.

어디서 잃어버리셨나요?

기억이 안 나요.

*lost 잃어버렸다, 길을 잃은
  (현재형은 lose)

*cellphone 휴대전화

⊕영국에서는 '휴대전화'를 mobile phone
  이라고 하며, 요즘은 smart phone이라
  고도 말한다.

*remember 기억하다

196

실전 연습

세 번씩 따라 말해 보세요!

분실물 센터는 어디에 있나요?
Where is the lost and found?

▶ mp3 11-22

경찰서는 어디에 있나요?
Where is the police station?

한국 대사관은 어디에 있나요?
Where is the Korean Embassy?

lost and found 분실물 센터(영국에서는 lost property office라고 한다.)
police station 경찰서
police 경찰
Korean Embassy 한국대사관

휴대전화를 잃어버렸어요.
I lost my cellphone.

▶ mp3 11-23

돈을 잃어버렸어요.
I lost my money.

가방을 도난당했어요.
My bag was stolen.

지갑을 도난당했어요.
My wallet was stolen.

bag 가방
stolen 도난당한 (steal의 과거분사)
wallet 지갑

가방 안에 지갑이 있어요.
I have a wallet in my bag.

▶ mp3 11-24

가방 안에 여권이 있어요.
I have a passport in my bag.

지갑 안에 신용 카드가 있어요.
I have a credit card in my wallet.

지하철에 가방을 두고 내렸어요.
I left my bag in the subway.

택시에 가방을 두고 내렸어요.
I left my bag in the taxi.

in ~안에
passport 여권
credit card 신용 카드
left 남겨두었다 (leave의 과거형)
subway 지하철

01 다음 영어 단어에 맞는 뜻을 찾아 줄을 이어 보세요.

① lost and found ·   · 대사관

② embassy ·   · 경찰서

③ police station ·   · 여권

④ passport ·   · 분실물 센터

02 다음 우리말 단어를 영어로 바꿔 써 보세요.

① 경찰 _____   ② 도난당한 _____

③ 휴대전화 _____   ④ 여권 _____

03 다음 우리말 표현에 맞게 단어를 골라 문장을 완성해 보세요.

> 보기   I lost | credit card | bag | Where is

① 분실물센터는 **어디에 있나요**?

_____ the lost and found?

② 휴대전화를 **잃어버렸어요**.

_____ my cellphone.

③ 지갑 안에 **신용 카드**가 있어요.

I have a _____ in my wallet.

④ 지하철에 **가방**을 두고 내렸어요.

I left my _____ in the subway.

04 다음 우리말 표현을 영어로 말해 보세요.

① 어디에 있나요?   경찰서는

_____ ☑ ② ③

② 내 가방을   도난당했어요

_____ ① ② ③

③ 나는 잃어버렸어요   내 돈을

_____ ① ② ③

④ 나는 두었어요   내 가방을   지하철 안에 (지하철에 가방을 두고 내렸어요.)

_____ ① ② ③

여행 중에 분실이나 도난을 당하는 경우가 적지 않다. 우선 도난 사고의 경우, 사람이 많은 관광지나 지하철에서는 소매치기를 항상 조심해야 한다. 그리고 현금은 나눠서 가지고 다니는 것이 좋고, 가방은 앞쪽으로 메는 것이 좋다. 만약 도난 사건이 일어난다면 현지 경찰서에서 확인서를 꼭 받아 두자.

또 여권을 분실하지 않도록 조심해야 한다. 여권은 한번 잃어버리면 재발급 절차가 복잡하고 시일이 많이 걸리니 웬만하면 복사본을 지니는 것이 좋다. 그래도 여권을 잃어버렸다면 이렇게 처리하자.

1. 가까운 현지 경찰서에서 여권 분실 증명서 발급.

2. 대사관 및 영사관에서 여권 정지 및 재발급 신청.(여권 분실 증명서, 여권용 사진 2장, 여권 복사본)
※대사관, 영사관 휴무 시에는 영사콜센터로 연락. (24시간 운영)
  홈페이지 : https://www.0404.go.kr   전화 : 국내 02-3210-0404   해외 +82-2-3210-0404

여행이 끝날 때까지 불미스러운 일이 일어나지 않으면 좋겠지만 만일을 대비해 여행자 보험은 꼭 들어두는 것이 좋다. 사고나 도난에 대한 배상을 받을 수 있다.

 아프거나 다침

▶ mp3 11-31

배가 아파요.

Are you sick?

I have a stomachache.

PHARMACY

 어디 아프세요?

 배가 아파요.

*sick 아픈

*stomachache 복통, 배탈

*pharmacy 약국

⊕ '멀미'는 motion sickness라고 한다. 교통수단에 따라 '차멀미'는 carsickness, '뱃멀미'는 seasickness, '비행기 멀미'는 airsickness라고 한다.

200

실전 연습

세 번씩 따라 말해 보세요!

배가 아파요.
I have a stomachache.
▶ mp3 11-32 ✔ 2 3

➕ 머리가 아파요.
I have a headache.
기침을 해요.
I have a cough.

headache 두통
cough 기침하다, 기침

✚ 아픈 증상 표현 : diarrhea 설사
runny nose 콧물   fever 열
sore throat 목감기
motion sickness 멀미

다리가 아파요.
My legs hurt.
▶ mp3 11-33 ✔ 2 3

➕ 발이 아파요.
My feet hurt.
손을 다쳤어요.
I hurt my hand.
손가락을 다쳤어요.
I hurt my finger.

leg 다리
hurt 아프다, 다치다
foot 발(복수형은 feet)
hand 손
finger 손가락

✚ '팔'은 arm, '허리'는 back,
'무릎'은 knee이다.

감기약 주세요.
I'd like some cold medicine.
▶ mp3 11-34 ✔ 2 3

➕ 진통제 주세요.
I'd like some painkiller.
해열제 주세요.
I'd like some fever reducer.
소화제 주세요.
I'd like some digestive medicine.
지사제 주세요.
I'd like some antidiarrhea.

cold medicine 감기약
painkiller 진통제

✚ digestive는 명사로 '소화제'라
는 뜻이 있기 때문에 medicine
을 생략하고 그냥 digestive만
쓰기도 한다. '다이제스티브 비스
킷'은 소화를 돕는 성분을 넣은
과자라는 의미이다.

PART 11. 긴급 상황 | 201

확인 문제

01 다음 영어 단어에 맞는 뜻을 찾아 줄을 이어 보세요.

① stomachache · · 복통, 배탈

② headache · · 멀미

③ motion sickness · · 두통

④ runny nose · · 콧물

02 다음 우리말 단어를 영어로 바꿔 써 보세요.

① 기침(하다) _____ ② 아프다, 다치다 _____

③ 열 _____ ④ 손 _____

03 다음 우리말 표현에 맞게 단어를 골라 문장을 완성해 보세요.

> 보기 cough | hurt | fever reducer | stomachache

① **배가 아파요**.

I have a _____.

② **기침**을 해요.

I have a _____.

③ 손가락을 **다쳤어요**.

I _____ my finger.

④ **해열제** 주세요.

I'd like some _____.

04 다음 우리말 표현을 영어로 말해 보세요.

① ⬤ 나는 가지고 있어요　⬤ 두통을　(머리가 아파요.)

_____ ☑ ② ③

② ⬤ 나의 다리가　⬤ 아파요　(다리가 아파요.)

_____ ① ② ③

③ ⬤ 나는 ~할게요　⬤ 약간의 감기약을　(감기약 주세요.)

_____ ① ② ③

④ ⬤ 나는 다쳤어요　⬤ 나의 손을　(손을 다쳤어요.)

_____ ① ② ③

여행 TIP

해외여행을 갈 때는 평소에 복용하는 약이 있다면 꼭 챙기고 상비약도 잊지 말고 가져가자.

상비약 : 종합감기약, 해열제, 진통제, 소염제, 지사제, 소화제, 소독제, 피부연고, 멀미약, 알레르기약 등

여행 도중 몸이 아프면 우선 숙소 프런트에 문의하는 것이 좋다. 대부분 호텔에서는 기본 상비약은 구비해두고 있어 급할 때 약국을 가지 않아도 되고, 가까운 병원에 대한 정보도 얻을 수 있다. 그리고 우리나라 외교부에서 24시간 운영하는 영사콜센터를 통해서도 현지 병원과 약국의 정보를 얻을 수 있다.

홈페이지 : https://www.0404.go.kr 　전화 : 국내 02-3210-0404 　해외 +82-2-3210-0404

여행 중 예상치 못한 곳에서 아프거나 다칠 수가 있으니 출국을 하기 전 여행자 보험을 꼭 들자. 만약 여행자 보험을 들지 않았다면 인천공항 출국장에도 여러 보험사 부스가 있으니 간단히 비교한 뒤 가입하면 된다.

 교통사고

 mp3 ||-4|

도와주세요.

 Please help me.

What's going on?

 I got a car accident!

🐰 도와주세요.

👩 무슨 일인가요?

🐰 교통사고가 났어요!

*help 돕다, 도와주다
*car accident 교통사고, 자동차 사고
*car 자동차
*accident 사고

실전 연습

세 번씩 따라 말해 보세요!

경찰을 불러 주세요.
Please call the police.
▶ mp3 11-42

구급차를 불러 주세요.
Please call an ambulance.
병원에 연락해 주세요.
Please contact the hospital.
한국대사관에 연락해 주세요.
Please contact the Korean embassy.

call 부르다, 전화하다
police 경찰
ambulance 구급차
contact 연락, 연락하다
hospital 병원
embassy 대사관

교통사고가 났어요!
I got a car accident!
▶ mp3 11-43

오토바이에 치였어요.
I was hit by a motorcycle.
충돌 사고가 났어요.
There was a crash.
사람이 다쳤어요.
Someone's hurt.

hit 때리다, ~부딪치다
motorcycle 오토바이(영국에서는 motorbike라고 한다.)
crash 충돌 사고
someone 어떤 사람, 누군가

✛ Someone's는 Someone is의 축약형이다.

시청 근처에서 사고가 났어요.
There was an accident near the City Hall.
▶ mp3 11-44

박물관 근처에서 사고가 났어요.
There was an accident near the museum.
런던역 근처에서 사고가 났어요.
There was an accident near the London station.
편의점 근처에서 사고가 났어요.
There was an accident near the convenience store.

near 가까이, 근처에
city hall 시청
museum 박물관
station 역
convenience store 편의점

✛ There was는 There is의 과거형태이며 '~이 있었다'라는 의미다.

01 다음 영어 단어에 맞는 뜻을 찾아 줄을 이어 보세요.

① ambulance · · 오토바이

② museum · · 박물관

③ avenue · · (도시의) 거리, ~가

④ motorcycle · · 구급차

02 다음 우리말 단어를 영어로 바꿔 써 보세요.

① 부르다 _____ ② 연락하다 _____

③ 가까이, 근처에 _____ ④ 충돌 사고 _____

03 다음 우리말 표현에 맞게 단어를 골라 문장을 완성해 보세요.

> 보기 contact | crash | accident | hit

① 병원에 **연락해 주세요**.

Please _____ the hospital.

② 오토바이에 **치였어요**.

I was _____ by a motorcycle.

③ **충돌 사고**가 났어요.

There was a _____.

④ 런던역 근처에서 **사고**가 났어요.

There was an _____ near the London station.

04 다음 우리말 표현을 영어로 말해 보세요.

① 불러 주세요   경찰을

☑ 2 3

② 사람이 다쳤어요

1 2 3

③ 있었어요   충돌 사고가   (충돌 사고가 났어요.)

1 2 3

④ 사고가 있었어요   시청 근처에서   (시청 근처에서 사고가 났어요.)

1 2 3

여행 TIP

안전하고 즐거운 해외여행이 되면 좋겠지만 여행 중 예상치 못한 사고가 생길 수도 있다. 해외로 출국하기 전, 외교부 해외안전여행 앱을 미리 설치하면 현지 경찰서의 위치와 구급차 번호를 알 수 있다. 만약 사고가 나더라도 당황하지 말고 우리나라 외교부의 영사콜센터에 전화하자. 사고 처리 방법을 안내 받을 수 있고 의사소통이 어려우면 통역 서비스도 지원받을 수 있다.

홈페이지 : https://www.0404.go.kr   전화 : 국내 02-3210-0404   해외 +82-2-3210-0404

사고가 나면 경황이 없겠지만 상대방의 이름과 주소 차량 번호, 연락처를 반드시 메모하자. 그리고 사진과 동영상은 되도록 많이 촬영하고 원본 파일은 꼭 보관하자. 또 사고에 위축되어 먼저 사과를 하기도 하는데 이는 좋지 않다. 내가 먼저 사과를 하게 되면 실수를 인정하는 상황이 될 수도 있기 때문이다. 그리고 현장 목격자를 확보하고 그 사람의 연락처와 이름도 받아두자. 부상자가 있어서 경찰이나 구급차를 부를 때는 위치와 상황까지 설명하기가 어려울 수도 있으니 주변의 현지인에게 부탁하자.

안녕, 다음에 또 올게~!

이제 일상으로 돌아가 볼까?

다음 여행을 기약하며!

창가 자리에서 여행의 아쉬움을 달래기~ :)

PART 12

귀국

01. 귀국 항공권 예약

02. 항공권 예약 변경

03. 탑승 수속

04. 탑승 및 수하물 찾기

 귀국 항공권 예약

▶ mp3 12-11

인천행 비행기로 예약하고 싶어요.

 I'd like to book a flight to Incheon.

One way or round trip?

One way, please.

인천행 비행기로 예약하고 싶어요.

편도인가요? 왕복인가요?

편도로 주세요.

*I'd like to ~하고 싶어요

⊕ book은 '책'이라는 뜻 외에 '예약하다' 라는 의미도 있다.

*one way 편도

*round trip 왕복

*book a flight 비행(편)을 예약하다

실전 연습

 세 번씩 따라 말해 보세요!

인천행 비행기로 예약하고 싶어요.
I'd like to book a flight to Incheon.

▶ mp3 12-12 ✔ 2 3

내일 비행기로 예약하고 싶어요.
I'd like to book a flight for tomorrow.
이번 주 비행기로 예약하고 싶어요.
I'd like to book a flight for this week.
다음 주 비행기로 예약하고 싶어요.
I'd like to book a flight for next week.

book 예약하다
flight 비행, 항공편
tomorrow 내일
week 주, 일주일
next 다음의

✚ '예약하다'는 make a reservation을 써도 좋다.

편도로 한 장 주세요.
A one way, please.

▶ mp3 12-13 ✔ 2 3

왕복으로 한 장 주세요.
A round trip, please.
일반석으로 주세요.
Economy class, please.
비즈니스석으로 주세요.
Business class, please.

economy class 일반석, 보통석
business class 비즈니스석

✚ 정확한 문장은 "I'd like a one-way ticket, please."이다. 편도는 one way, 편도표는 one-way tickte이다.

요금이 얼마예요?
How much is the fare?

▶ mp3 12-14 ✔ 2 3

편도표는 얼마예요?
How much is the one-way ticket?
왕복표는 얼마예요?
How much is the round-trip ticket?

how much 얼마, 어느 정도
fare (교통) 요금

✚ '왕복'은 round trip, '왕복표'는 round-trip ticket이다.

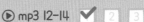

01 다음 영어 단어에 맞는 뜻을 찾아 줄을 이어 보세요.

① book a flight ·   · 편도표

② one-way ticket ·   · 항공편을 예약하다

③ economy class ·   · 왕복

④ round trip ·   · 일반석

02 다음 우리말 단어를 영어로 바꿔 써 보세요.

① 비행 _____   ② 다음의 _____

③ 내일 _____   ④ (교통) 요금 _____

03 다음 우리말 표현에 맞게 단어를 골라 문장을 완성해 보세요.

> 보기   book a flight | one-way | round trip | First class

① 인천행 **비행기로 예약하고** 싶어요.

  I'd like to _____ to Incheon.

② **편도** 티켓으로 한 장 주세요.

  A _____ ticket, please.

③ **일등석**으로 주세요.

  _____ , please.

④ **왕복**은 얼마예요?

  How much is the _____?

04 다음 우리말 표현을 영어로 말해 보세요.

① 내가 예약하고 싶어요   내일을 위한 비행기를 (내일 비행기로 예약하고 싶어요.)

_____ ☑ ▢ ▢

② 편도로 한 장 주세요

_____ ▢ ▢ ▢

③ 일반석으로 주세요

_____ ▢ ▢ ▢

④ 얼마예요?   요금이

_____ ▢ ▢ ▢

여행 TIP

　외국 여행에는 일반적으로 왕복 항공권을 준비한다. 하지만 간혹 장기간 여행을 할 때나 유학 등의 이유로 편도를 끊거나 돌아오는 항공편을 오픈 티켓(Open ticket)으로 하는 경우도 있다. 티켓은 대부분 출발일이 가까워질수록 가격이 올라간다. 그래서 가능한 한 빨리 예약해야 좀 더 저렴하게 구매할 수 있다. 그리고 시간적 여유가 있다면 직항(nonstop flight)보다는 경유(layover)를 하는 것이 더 저렴하게 티켓을 살 수 있는 방법이다.

　성수기보다는 비수기가, 주말보다는 주중의 항공편이 저렴하다. 그리고 새벽이나 심야 항공편도 탑승객이 적어 티켓 가격이 좀 더 내려간다. 여기서 꿀팁이라면, 항공사 웹사이트를 자주 확인하는 것이다. 할인 정보도 확인할 수 있고, 시일이 얼마 남지 않은 항공편의 경우 종종 빈 좌석을 채우기 위해 더 저렴하게 판매되는 경우도 있기 때문이다.

　비행기 티켓을 살 때는 영문 이름을 정확히 기재해야 한다. 영문 이름이 잘못 기재되거나 여권 번호가 틀린 경우는 비행기 탑승이 거부될 수도 있다.

항공편을 변경하고 싶어요.

I'd like to change my flight.

How would you like to change it?

I'll change the departure date to March 2nd. (second)

항공편을 변경하고 싶어요.

어떻게 변경해 드릴까요?

출발 날짜를 3월 2일로 변경할게요.

* I'd like to ～하고 싶어요
  (= I would like to)
* change 변경하다
* flight 비행, 항공편
* I'll ～할거야, ～할게요(= I will)
* departure date 출발일

실전 연습

 세 번씩 따라 말해 보세요!

항공편을 변경하고 싶어요.

I'd like to change my flight.

▶ mp3 12-22 ✔ 2 3

➕ 예약을 변경하고 싶어요.
I'd like to change my reservation.

예약을 취소하고 싶어요.
I'd like to cancel my reservation.

항공편을 취소하고 싶어요.
I'd like to cancel my flight.

reservation 예약
cancel 취소하다

하루 일찍 떠나려고요.

I'd like to leave a day early.

▶ mp3 12-23 ✔ 2 3

➕ 하루 늦게 떠나려고요.
I'd like to leave a day later.

2월 9일 항공편을 취소할게요.
I'll cancel my flight on February 9th. (ninth)

6월 15일 항공편을 취소할게요.
I'll cancel my flight on June 15th. (fifteenth)

leave 떠나다
a day 하루
early 일찍
later 나중에, 후에

➕ one day도 '하루', '24시간'을 뜻하는데 상황에 따라 '어느 날'이라는 의미로도 쓰인다.

출발 날짜를 3월 2일로 변경할게요.

I'll change the departure date to March 2nd. (second)

▶ mp3 12-24 ✔ 2 3

➕ 출발 날짜를 9월 12일로 변경할게요.
I'll change the departure date to September 12th. (twelfth)

출발 날짜를 12월 20일로 변경할게요.
I'll change the departure date to December 20th. (twentieth)

departure 출발
date 날짜

01 다음 영어 단어에 맞는 뜻을 찾아 줄을 이어 보세요.

① change · · 출발

② flight · · 변경하다

③ reservation · · 비행, 항공편

④ departure · · 예약

02 다음 우리말 단어를 영어로 바꿔 써 보세요.

① 취소하다 _____ ② 떠나다 _____

③ 일찍 _____ ④ 나중에 _____

03 다음 우리말 표현에 맞게 단어를 골라 문장을 완성해 보세요.

> 보기 I'll change | I'd like | cancel | leave

① 예약을 변경하고 싶어요.

_____ to change my reservation.

② 항공편을 취소하고 싶어요.

I'd like to _____ my flight.

③ 하루 늦게 떠나려고요.

I'd like to _____ a day later.

④ 출발 날짜를 3월 2일로 변경할게요.

_____ the departure date to March 2nd.

04 다음 우리말 표현을 영어로 말해 보세요.

① 나는 변경하고 싶어요   나의 항공편을 (항공편을 변경하고 싶어요.)

✓ ② ③

② 나는 떠나려고요   하루 일찍 (하루 일찍 떠나려고요.)

① ② ③

③ 내가 취소할게요   나의 항공편을   2월 9일에 있는   (2월 9일 항공편을 취소할게요.)

① ② ③

④ 내가 변경할게요   출발 날짜를   3월 2일로   (출발 날짜를 3월 2일로 변경할게요.)

① ② ③

여행 TIP

저가 항공사의 특가 항공권은 출발일 변경이나 환불이 되지 않는 경우가 있으니 티켓을 예약할 때 변경과 환불이 가능한지 약관 및 고지사항을 꼭 확인하자. 그리고 항공권을 구매할 때에는 예약 변경, 재발행 조건, 환불 규정, 수하물 규정 등은 미리 확인하자.

항공권 구매 후에는 여권 번호와 영문 이름의 스펠링까지 꼭 확인하자. 왜냐하면 탑승 규정에 따라 여권상의 영문 이름과 항공권의 영문 이름 스펠링이 같아야 하기 때문이다. 왜냐하면 여권과 항공권의 스펠링이 다르면 비행기 탑승이 거절될 수도 있기 때문이다.

만약 스펠링이 잘못되었다면 항공사에 바로 문의를 하자. 항공사에 따라 수수료를 받고 변경해 주기도 하지만, 스펠링 변경이 불가능한 항공사도 있다.

 탑승 수속

▶ mp3 12-31

창가 자리로 주세요.

I'd like a window seat, please.

OK, no problem.

Check-in

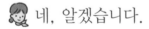 창가 자리로 주세요.

네, 알겠습니다.

*I'd like 내가 ~할게요
(I would like의 축약형)

*window seat 창가 자리

⊕no problem은 원래 '문제없어요'라는
뜻이지만, '그럼요', '괜찮아요'라는 의
미로 자주 쓰인다.

218

세 번씩 따라 말해 보세요!

창가 자리로 주세요.
I'd like a window seat, please. ▶ mp3 12-32 ✔

➕ 통로 자리로 주세요.
I'd like an aisle seat, please.

앞쪽 자리로 주세요.
I'd like a front row seat, please.

비상구쪽 자리로 주세요.
I'd like an emergency exit row seat, please.

aisle seat 통로 자리
front row seat 앞쪽 자리
front 앞쪽
emergency exit row seat
비상구 쪽 자리
row 열, 줄

런던항공 카운터는 어디에 있나요?
Where is the London Airline counter? ▶ mp3 12-33 ✔

➕ 탑승 게이트는 어디에 있나요?
Where is the boarding gate?

15번 게이트는 어디에 있나요?
Where is gate 15? (fifteen)

20번 게이트는 어디에 있나요?
Where is gate 20? (twenty)

airline counter
항공사 카운터
airline 항공사
boarding gate 탑승 게이트

가방을 몇 개 부칠 수 있나요?
How many bags can I check in? ▶ mp3 12-34 ✔

➕ (부칠) 짐이 2개예요.
I have two pieces of baggage.

이거 기내에 가져가도 되나요?
Can I carry this on board?

부칠 짐이 없어요.
I don't have any baggage to check.

how many 몇 개 (얼마나 많은)
check in 수속을 밟다
piece 한 개, 한 부분
baggage 수하물(영국에서는
luggage라고 한다.)
carry 휴대하다
on board 탑승한

01 다음 영어 단어에 맞는 뜻을 찾아 줄을 이어 보세요.

① airline · · 항공사

② row · · 통로 자리

③ aisle seat · · 열, 줄

④ baggage · · 수하물

02 다음 우리말 단어를 영어로 바꿔 써 보세요.

① 앞쪽 _____ ② 창가쪽 좌석 _____

③ 탑승 게이트 _____ ④ 휴대하다 _____

03 다음 우리말 표현에 맞게 단어를 골라 문장을 완성해 보세요.

> 보기   emergency exit row seat │ baggage │ check in │ Airline counter

① **비상구쪽 자리로** 주세요.

   I'd like an _____ seat, please.

② 런던항공 **카운터**는 어디에 있나요?

   Where is the London _____?

③ 가방을 몇 개 **부칠 수 있나요**?

   How many bags can I _____?

④ 부칠 **짐**이 없어요.

   I don't have any _____ to check.

220

04 다음 우리말 표현을 영어로 말해 보세요.

① 내가 할게요   창가 자리로 (창가 자리로 주세요.)

☑ ② ③
_____

② 어디에 있나요?   런던항공 카운터는

① ② ③
_____

③ 어디에 있나요?   탑승 게이트는

① ② ③
_____

④ 나는 가지고 있어요   두 개의 수하물을 (부칠 짐이 두 개예요.)

① ② ③
_____

여행 TIP

여행 당일 적어도 출발 2시간 전에는 공항에 도착하도록 하자. 만약 여행 성수기라면 여유를 두고 더 일찍 공항에 가는 게 좋다. 요즘에는 핸드폰으로 모바일 셀프 체크인을 이용할 수 있어 탑승 수속 시간을 절약할 수 있다. 그리고 항공사별로 규정해놓은 기내 반입 가능 품목을 확인한 후, 불가 품목은 수하물로 부쳐야 한다. 기내 반입 가능 품목은 항공사별로 다르지만 대개 다음과 같다.

액체류는 개별 용기당 100mL 이하로 1인당 총 1L 용량의 비닐 지퍼백 1개에 밀봉해서 넣어야 한다. 1L가 넘으면 수하물로 보내자. 또 의사의 처방전 등 관련 증명서를 제시하고 보안 검색요원이 적정하다고 판단될 경우 의약품은 기내 반입이 가능하다.

수하물에서도 폭발 가능성이 있는 라이터나 스프레이 등은 짐으로도 부칠 수 없다. 또 배터리가 장착된 전자기기 등은 수하물이 아닌 기내에 들고 타야 한다. 특히 보조배터리를 수하물에 부치는 경우가 있는데, 검색직원이 수하물을 다 풀고 배터리를 빼는 경우가 있어 다른 물품 유실의 우려도 있다.

 탑승 및 수하물 찾기

▶ mp3 12-41

탑승 시각이 언제인가요?

When is the boarding time?

It starts in 10 minutes.

탑승 시각이 언제인가요?

10분 후에 시작합니다.

*when 언제
*boarding 탑승
*time 시간
*start 시작하다
*minute 분

실전 연습

세 번씩 따라 말해 보세요!

탑승 시각이 언제인가요?

When is the boarding time?

▶ mp3 12-42 ✔ 2 3

➕ 출발 시각은 언제인가요?
  When is the departure time?

  얼마나 지연되나요?
  How long is the delay?

  얼마나 기다려야 하나요?
  How long should I wait?

departure 출발
how long 얼마나 (오래)
delay 지연, 지체
wait 기다리다

공항 라운지는 어디예요?

Where is the airport lounge?

▶ mp3 12-43 ✔ 2 3

➕ 환승 게이트는 어디예요?
  Where is the transfer gate?

  수하물 찾는 곳은 어디예요?
  Where is the baggage claim area?

  분실물 센터는 어디예요?
  Where is the lost and found?

airport lounge 공항 라운지
transfer gate 환승 게이트
transfer 환승하다
baggage claim area
수하물 찾는 곳
lost and found 분실물 센터

제 가방이 없어졌어요.

My bag is missing.

▶ mp3 12-44 ✔ 2 3

➕ 제 가방이 안 나와요.
  My bag is not coming out.

  제 가방이 파손됐어요.
  My bag is damaged.

bag 가방
missing 없어진
come out 나오다
damaged 파손된

확인 문제

01 다음 영어 단어에 맞는 뜻을 찾아 줄을 이어 보세요.

① start　　　　　　　　　　　　　　　　환승하다

② transfer　　　　　　　　　　　　　　시작하다

③ come out　　　　　　　　　　　　　파손된

④ damaged　　　　　　　　　　　　　나오다

02 다음 우리말 단어를 영어로 바꿔 써 보세요.

① 지연, 지체 ＿＿＿＿＿＿＿　　② 기다리다 ＿＿＿＿＿＿＿＿

③ 없어진 ＿＿＿＿＿＿＿＿＿　　④ 분(시간) ＿＿＿＿＿＿＿＿

03 다음 우리말 표현에 맞게 단어를 골라 문장을 완성해 보세요.

> 보기　　When is　|　baggage　|　missing　|　How long

① 출발 시각은 **언제인가요**?

　＿＿＿＿＿＿＿＿＿＿ the departure time?

② **얼마나 (오래)** 기다려야 하나요?

　＿＿＿＿＿＿＿＿＿＿ should I wait?

③ **수하물** 찾는 곳은 어디예요?

　Where is the ＿＿＿＿＿＿ claim area?

④ 제 가방이 **없어졌어요**.

　My bag is ＿＿＿＿＿＿.

04 다음 우리말 표현을 영어로 말해 보세요.

① 언제인가요?   탑승 시각이

_____ ☑ 2 3

② 얼마나 (오래)   지연되나요?

_____ 1 2 3

③ 어디예요?   환승 게이트는

_____ 1 2 3

④ 내 가방이   없어졌어요

_____ 1 2 3

여행 TIP

  항공기 지연은 종종 발생하는 일이다. 이를 피하려면 밤 비행기보다는 아침 비행기를 타는 게 좋다. 만약 비행기 연착으로 인해 예상치 못한 시간을 공항에서 보내야 한다면 공항 라운지를 이용하는 것도 좋다. (공항마다 다르지만 요금을 내면 이용할 수 있다.) 편안한 소파와 조용한 분위기에서 여유를 가지고 휴식을 취할 수 있다.

  항공편은 직항이 가장 편리하지만, 환승하는 것도 추천한다. 요즘은 항공편이 늘어나 환승 대기시간이 짧고 항공료도 저렴하기 때문이다. 처음에는 환승하는 것이 두렵기도 하겠지만, 공항에 표시된 환승 팻말(transfer)과 표시선을 따라가기만 하면 된다. 티켓에 적힌 게이트를 찾아가 보안 검사를 마치고 나가면, 끝! 그리고 환승하려는 공항의 지도를 핸드폰에 다운받아 놓으면 환승 시 유용하게 사용할 수 있다. 연결 항공편을 예약할 때는 국내선은 최소 1시간, 국제선은 2시간 정도의 간격을 두는 것이 좋다. 혹시 모를 지연에 대비할 수 있기 때문이다.

  귀국 시 수하물이 도착하지 않았으면 항공사 안내데스크에 수하물 표를 제시하고 신고서를 작성하자. 신고서에는 가방의 외관 특징과 상표, 물품에 대해 쓰면 된다. 만약 수하물을 찾았는데 파손이 되어 있다면 가방을 받은 날로부터 7일 이내로 항공사에 신고하자.

확인 문제
정답

PART 02

01 기본 인사　　　　　　　　32쪽

문제 1

① trip　　　　　　　　　이름
② see　　　　　　　　　만나다
③ name　　　　　　　　여행
④ meet　　　　　　　　보다, 알다

문제 2

① morning
② afternoon
③ evening
④ night

문제 3

① name
② meet
③ later
④ trip

문제 4

① Hello!
② What's your name?
③ My name is Raina.
④ Nice to meet you.

02 감정 표현　　　　　　　　36쪽

문제 1

① welcome　　　　　　멋진, 쿨한
② here　　　　　　　　맞이하다, 환영하디
③ great　　　　　　　여기에
④ cool　　　　　　　　대단한

문제 2

① help
② happy
③ fun
④ best

문제 3

① help
② happy
③ in London
④ fantastic

문제 4

① Please help me.
② I'm happy to see you.
③ It's cool.
④ It's the best.

03 숫자와 시간　　　　　　　40쪽

문제 1

① height　　　　　　　몇 시
② o'clock　　　　　　　몸무게
③ weight　　　　　　　정각
④ what time　　　　　높이, 키

문제 2

① phone
② shoe(s)
③ number
④ room

문제 3

① old
② a.m.
③ flight number
④ seat

문제 4

① I'm 25 years old.
② My shoe size is 270mm.
③ It's 5 p.m..
④ The flight number is KE508.

04 날짜와 화폐　　　　　　　44쪽

문제 1

① graduate　　　　　　졸업하다
② company　　　　　　도착하다
③ arrive　　　　　　　회사
④ second　　　　　　　두 번째의

문제 2

① born
② get married
③ leave
④ week

문제 3

① born
② leaving
③ week
④ dollars

문제 4

① I was born in 1995.
② I arrive on March 1st.
③ May 2nd week, please.
④ It's 5 dollars.

228

PART 03

01 자리 찾기   50쪽

문제 1

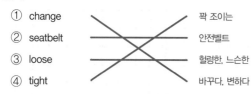

① change   꽉 조이는
② seatbelt   안전벨트
③ loose   헐렁한, 느슨한
④ tight   바꾸다, 변하다

문제 2 | **문제 3**

① empty | ① Where
② bag | ② up
③ somebody | ③ loose
④ sit | ④ not working

문제 4

① Where is my seat?
② This is my seat.
③ Can I change seats?
④ My seatbelt is not working.

03 입국 심사   58쪽

문제 1

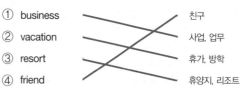

① business   친구
② vacation   사업, 업무
③ resort   휴가, 방학
④ friend   휴양지, 리조트

문제 2 | **문제 3**

① study | ① For
② day | ② month
③ week | ③ relative's
④ place | ④ place

문제 4

① For pleasure.
② On business.
③ For one week.
④ At my friend's place.

02 기내 서비스 이용   54쪽

문제 1

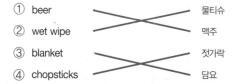

① beer   물티슈
② wet wipe   맥주
③ blanket   젓가락
④ chopsticks   담요

문제 2 | **문제 3**

① water | ① Get me
② Coke | ② Chicken
③ pork | ③ a pillow
④ fish | ④ Do you have

문제 4

① Get me some water, please.
② Beef, please.
③ Do you have a blanket?
④ Do you have a wet wipe?

04 공항 안내소   62쪽

문제 1

① tour map   나가는 곳
② floor   환전소
③ currency exchange   바닥, 층
④ way out   관광 안내도

문제 2 | **문제 3**

① bus stop | ① Where
② restroom | ② subway
③ station | ③ map
④ exit | ④ information desk

문제 4

① Where is the bus stop?
② A tour map, please.
③ Where is the currency exchange?
④ Where is the way out?

PART 04

이 지하철   68쪽

문제 1

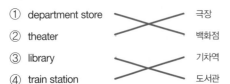

① department store   극장
② theater   백화점
③ library   기차역
④ train station   도서관

문제 2

① museum
② gallery
③ market
④ city hall

문제 3

① What line
② Where do I
③ Which exit
④ Where is

문제 4

① What line goes to the National Gallery?
② Where do I get off for the theater?
③ Which exit connects to the market?
④ Where is the elevator?

02 버스   72쪽

문제 1

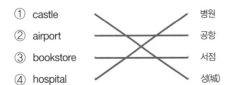

① castle   병원
② airport   공항
③ bookstore   서점
④ hospital   성(城)

문제 2

① library
② hall
③ park
④ street

문제 3

① Which bus
② How many
③ the next stop
④ get off

문제 4

① Which bus goes to the airport?
② How many stops to the library?
③ Is the next stop the bookstore?
④ Should I get off at the next stop?

03 택시   76쪽

문제 1

① address   주소
② amusement park   경기장
③ stadium   놀이공원
④ crosswalk   횡단보도

문제 2

① zoo
② here
③ stop
④ corner

문제 3

① Take me
② amusement park
③ How long
④ in front of

문제 4

① Take me to this address.
② How long does it take to the airport?
③ Stop here.
④ Stop at the crosswalk.

04 기차   80쪽

문제 1

① how much is   ~ 얼마예요?
② one-way ticket   통로 자리
③ round-trip ticket   왕복표
④ aisle seat   편도표

문제 2

① ticket
② second class
③ first class
④ window seat

문제 3

① A ticket
② 3 p.m.
③ How much
④ aisle seat

문제 4

① A ticket to Waterloo, please.
② A one-way ticket to Wimbledon, please.
③ How much is the second class?
④ A ticket for 3p.m., please.

PART 05

이 예약 및 체크인   86쪽

문제 1

① reservation —————— 예약
② high floor ⟍ ⟋ 조용한
③ quiet ⟋ ⟍ 고층
④ extra bed —————— 보조 침대

문제 2

① nice view
② single bed
③ room
④ family room

문제 3

① Check-in
② double bed
③ low-floor room
④ nice view

문제 4

① Check-in, please.
② A single bed, please.
③ A high-floor room, please.
④ A quiet room, please.

02 시설 이용   90쪽

문제 1

① restaurant ⟍ 카페
② wine bar ⟍⟋ 헬스클럽
③ fitness center ⟋⟍ 와인 바
④ cafe ⟋ 식당

문제 2

① luggage
② keep
③ key
④ safe

문제 3

① What floor
② swimming pool
③ open
④ valuables

문제 4

① What floor is the restaurant on?
② What floor is the swimming pool on?
③ What time does the wine bar open?
④ Please keep the key safe.

03 문제 해결   94쪽

문제 1

① toothpaste ⟍ ⟋ 헤어드라이기
② hair dryer ⟋ ⟍ 치약
③ remote control ⟍ ⟋ 비좁은
④ cramped ⟋ ⟍ 리모콘

문제 2

① towel
② soap
③ cold
④ hot

문제 3

① Some more
② toilet paper
③ not working
④ dirty

문제 4

① Some more towels, please.
② The internet is not working.
③ The room is cold.
④ The room is hot.

04 체크아웃   98쪽

문제 1

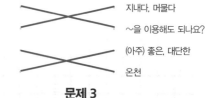

① can I use ⟍ ⟋ 지내다, 머물다
② stay ⟋ ⟍ ~을 이용해도 되나요?
③ spa ⟍ ⟋ (아주) 좋은, 대단한
④ great ⟋ ⟍ 온천

문제 2

① late
② night
③ business center
④ thank

문제 3

① check-out
② Can I stay
③ Can I use
④ great time

문제 4

① What time is the check-out?
② Can I check out late?
③ Can I stay one more night?
④ I had a great time.

PART 06

01 예약 및 자리 문의 104쪽

문제 1

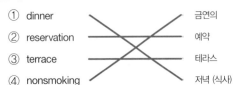

① dinner — 저녁 (식사)
② reservation — 예약
③ terrace — 테라스
④ nonsmoking — 금연의

문제 2

① quiet
② lunch
③ table
④ another

문제 3

① dinner
② reservation
③ table
④ Another seat

문제 4

① I'd like to make a reservation.
② Can we have a table for two?
③ A window seat, please.
④ A quiet seat, please.

03 문제 해결 112쪽

문제 1

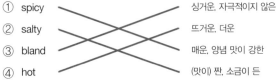

① spicy — 매운, 양념 맛이 강한
② salty — (맛이) 짠, 소금이 든
③ bland — 싱거운, 자극적이지 않은
④ hot — 뜨거운, 더운

문제 2

① spoon
② plate
③ food
④ cold

문제 3

① fork
② drink
③ salty
④ This is

문제 4

① The plate is dirty.
② The spoon is dirty.
③ Is my order almost ready?
④ This is too hot.

02 주문 108쪽

문제 1

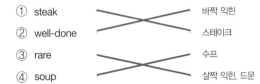

① steak — 스테이크
② well-done — 바짝 익힌
③ rare — 살짝 익힌, 드문
④ soup — 수프

문제 2

① order
② drink
③ salt
④ pepper

문제 3

① What kind of
② dessert
③ Medium
④ Iced water

문제 4

① What kind of drink do you have?
② What kind of dessert do you have?
③ Well-done, please.
④ Salt, please.

04 계산 116쪽

문제 1

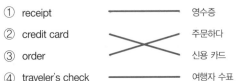

① receipt — 영수증
② credit card — 신용 카드
③ order — 주문하다
④ traveler's check — 여행자 수표

문제 2

① check
② wrong
③ coffee
④ cash

문제 3

① Receipt
② wrong
③ I didn't
④ traveler's checks

문제 4

① Check, please.
② The receipt is wrong.
③ I didn't order the cake.
④ Do you take cash?

PART 07

01 패스트푸드점 122쪽

문제 1

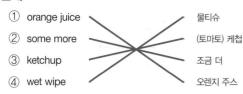

① orange juice — 오렌지 주스
② some more — 조금 더
③ ketchup — (토마토) 케첩
④ wet wipe — 물티슈

문제 2

① combo
② Coke
③ burger
④ straw

문제 3

① Coke
② instead of
③ cheeseburgers
④ Some more

문제 4

① Two cheeseburgers, please.
② One burger and one Coke, please.
③ Can I have a cup of coffee instead of a Coke?
④ Some more wet wipes, please.

02 카페 126쪽

문제 1

① iced — 보통의, 일반적인
② regular — 얼음이 든
③ low-fat milk — 추가의
④ extra — 저지방 우유

문제 2

① small
② large
③ syrup
④ soymilk

문제 3

① iced
② Regular
③ I'd like
④ Add

문제 4

① Two iced americanos, please.
② Large size, please.
③ I'd like soymilk, please.
④ No whipped cream, please.

03 베이커리 130쪽

문제 1

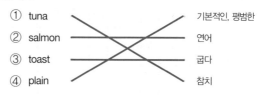

① tuna — 기본적인, 평범한
② salmon — 연어
③ toast — 굽다
④ plain — 참치

문제 2

① chicken
② egg
③ cut
④ butter

문제 3

① Can I get
② salmon
③ Toast
④ I'd like

문제 4

① Can I get a tuna sandwich?
② Can I get an egg sandwich?
③ Cut it in half, please.
④ I'd like butter.

04 술집 134쪽

문제 1

① do you have — ~이 있나요?
② draft beer — 병
③ bottle — 생맥주
④ what kind of — 어떤 종류의

문제 2

① beer
② wine
③ glass
④ snack

문제 3

① Do you have
② cocktail
③ draft beer
④ What kind of

문제 4

① Do you have bottled beer?
② A glass of wine, please.
③ Two glasses of draft beer, please.
④ What kind of wine do you have?

PART 08

이 관광 안내소　140쪽

문제 1

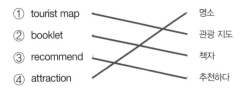

① tourist map ——— 관광 지도
② booklet ——— 책자
③ recommend ——— 추천하다
④ attraction ——— 명소

문제 2

① city
② guide
③ tourist
④ good

문제 3

① Can I get
② Korean guide
③ recommend
④ good restaurants

문제 4

① Can I get a tourist map?
② Do you have a map in Korean?
③ Can you recommend any museums?
④ Can you recommend any good restaurants?

02 관광 명소 구경　144쪽

문제 1

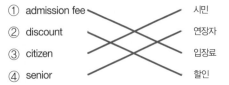

① admission fee ——— 입장료
② discount ——— 할인
③ citizen ——— 시민
④ senior ——— 연장자

문제 2

① adult
② child
③ total
④ student

문제 3

① How much
② for children
③ One adult
④ senior citizens

문제 4

① How much is it for adults?
② How much is it for children?
③ Two adults, one child, please.
④ Can I get a discount for students?

03 사진 촬영　148쪽

문제 1

① distance ——— 거리, 먼 곳
② background ——— 배경
③ scenery ——— 경치, 풍경
④ statue ——— 동상

문제 2

① picture
② video
③ face
④ building

문제 3

① take a picture
② here
③ the waist up
④ background

문제 4

① Can you take a picture of me?
② Can you take a video of me?
③ Can I take a picture here?
④ Get the building in the background, please.

04 전시·공연 관람　152쪽

문제 1

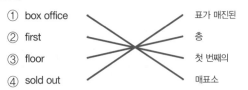

① box office ——— 매표소
② first ——— 첫 번째의
③ floor ——— 층
④ sold out ——— 표가 매진된

문제 2

① show
② tonight
③ ticket
④ tomorrow

문제 3

① tomorrow
② Can I have
③ second floor
④ next to each other

문제 4

① What is today's show?
② Can I have a ticket for tonight's show?
③ I'd like a seat on the first floor.
④ I'd like two seats next to each other.

PART 09

01 옷 가게 & 신발 가게 158쪽

문제 1

① fitting room — 탈의실
② high-heeled — 높은 굽
③ shoes — 신발
④ another one — 다른 것

문제 2

① pants
② try
③ medium
④ tight

문제 3

① I'm looking for
② Do you have
③ Medium
④ another one

문제 4

① I'm looking for a shirt.
② Small size, please.
③ I'll try this on.
④ I love this.

02 마트 162쪽

문제 1

① basket — 바구니
② customer — 고객
③ frozen food — 냉동식품
④ toothpaste — 치약

문제 2

① bakery
② aisle
③ toy
④ soap

문제 3

① Where is
② fruit
③ frozen food
④ toothpaste

문제 4

① Where is the shopping cart?
② Where is the drinks section?
③ I'm looking for milk.
④ I'm looking for a soap.

03 계산 166쪽

문제 1

① sneakers — 운동화
② shirt — 셔츠
③ skirt — 치마
④ wallet — 지갑

문제 2

① pants
② total
③ cash
④ hat

문제 3

① How much
② discount
③ by credit card
④ wallet

문제 4

① How much is the skirt?
② I have a coupon.
③ I'll pay by cash.
④ I didn't buy a hat.

04 교환과 환불 170쪽

문제 1

① refund — 환불
② broken — 깨진, 부러진, 고장난
③ scratch — 긁힌 자국, 흠집
④ smaller — 더 작은

문제 2

① exchange
② torn
③ stain
④ larger

문제 3

① exchange
② I bought
③ stain
④ I'd like to

문제 4

① Can I get a refund?
② I bought it today.
③ There is a stain.
④ I'd like to exchange it.

PART 10

01 말문 트기 176쪽

문제 1

① America 　　　　　　 마음에 드는, 매우

② British 　　　　　　 미국

③ first time 　　　　　 영국의, 영국인의

④ favorite 　　　　　　 처음

문제 2

① here

② travel

③ place

④ plan

문제 3

① Whereabouts

② I'm from

③ first time

④ plan

문제 4

① I'm from Korea.

② I'm from Seoul in Korea.

③ Are you American?

④ Where did you travel?

02 소개하기 180쪽

문제 1

① parents 　　　　　　 회사원

② younger brother 　　 남동생

③ housewife 　　　　　 주부

④ office worker 　　　　 부모

문제 2

① live

② own

③ exercising

④ business

문제 3

① parents

② office worker

③ traveling

④ good at

문제 4

① I live with my parents.

② I'm a student.

③ I run my own business.

④ I'm good at singing.

03 질문하기 184쪽

문제 1

① exercising 　　　　　 운동선수

② singer 　　　　　　　 가수

③ author 　　　　　　　 작가

④ athlete 　　　　　　　 운동

문제 2

① music

② book

③ actor

④ poet

문제 3

① cooking

② What kind of

③ singer

④ favorite

문제 4

① What kind of books do you like?

② What kind of food do you like?

③ Who is your favorite singer?

④ Who is your favorite actor?

04 연락처 주고받기 188쪽

문제 1

① home address 　　　　 집 주소

② follow 　　　　　　　 서로

③ each other 　　　　　 따라가다

④ ID(identity) 　　　　　 신원, 신분증

문제 2

① talk

② write

③ letter

④ send

문제 3

① home address

② Friend

③ letter

④ Let's talk

문제 4

① What's your phone number?

② Are you on Facebook?

③ I'll write you a letter.

④ Send me a DM.

PART II

01 길을 잃음 194쪽

문제 1

① square ＼　　　　　　걸어서
② nearest ———　　　　가장 가까운
③ lost 　　＼／　　　잃어버린
④ on foot ＼　　　　광장

문제 2

① bulidng
② street
③ library
④ subway

문제 3

① How can I get
② post office
③ How long
④ by bus

문제 4

① How can I get to this address?
② How can I get to London University?
③ Is this the right way to the post office?
④ How long does it take on foot?

02 분실 및 도난사고 198쪽

문제 1

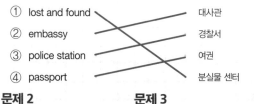

① lost and found 　　　대사관
② embassy 　　　　　경찰서
③ police station 　　　여권
④ passport 　　　　　분실물 센터

문제 2

① police
② stolen
③ cellphone
④ passport

문제 3

① Where is
② I lost
③ credit card
④ bag

문제 4

① Where is the police station?
② My bag was stolen.
③ I lost my money.
④ I left my bag in the subway.

03 아프거나 다침 202쪽

문제 1

① stomachache 　　　　복통, 배탈
② headache 　　　　　멀미
③ motion sickness 　　두통
④ runny nose 　　　　콧물

문제 2

① cough
② hurt
③ fever
④ hand

문제 3

① stomachache
② cough
③ hurt
④ fever reducer

문제 4

① I have a headache.
② My legs hurt.
③ I'd like some cold medicine.
④ I hurt my hand.

04 교통사고 206쪽

문제 1

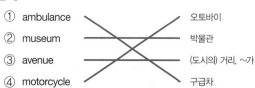

① ambulance 　　　　오토바이
② museum 　　　　　박물관
③ avenue 　　　　　(도시의) 거리, ~가
④ motorcycle 　　　구급차

문제 2

① call
② contact
③ near
④ crash

문제 3

① contact
② hit
③ crash
④ accident

문제 4

① Please call the police.
② Someone's hurt.
③ There was a crash.
④ There was an accident near the City Hall.

PART 12

01 귀국 항공권 예약 212쪽

문제 1

① book a flight — 편도표
② one-way ticket — 항공편을 예약하다
③ economy class — 왕복
④ round trip — 일반석

문제 2
① flight
② next
③ tomorrow
④ fare

문제 3
① book a flight
② one-way
③ First class
④ round trip

문제 4
① I'd like to book a flight for tomorrow.
② A one way, please.
③ Economy class, please.
④ How much is the fare?

02 항공권 예약 변경 216쪽

문제 1

① change — 출발
② flight — 변경하다
③ reservation — 비행, 항공편
④ departure — 예약

문제 2
① cancel
② leave
③ early
④ later

문제 3
① I'd like
② cancel
③ leave
④ I'll change

문제 4
① I'd like to change my flight.
② I'd like to leave a day early.
③ I'll cancel my flight on February 9th.
④ I'll change the departure date to March 2nd.

03 탑승 수속 220쪽

문제 1

① airline — 항공사
② row — 통로 자리
③ aisle seat — 열, 줄
④ baggage — 수하물

문제 2
① front
② window seat
③ bording gate
④ carry

문제 3
① emergency exit
② Airline counter
③ check in
④ baggage

문제 4
① I'd like a window seat, please.
② Where is the London Airline counter?
③ Where is the boarding gate?
④ I have two pieces of baggage.

04 탑승 및 수하물 찾기 224쪽

문제 1

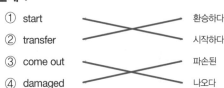

① start — 환승하다
② transfer — 시작하다
③ come out — 파손된
④ damaged — 나오다

문제 2
① delay
② wait
③ missing
④ minute

문제 3
① When is
② How long
③ baggage
④ missing

문제 4
① When is the boarding time?
② How long is the delay?
③ Where is the transfer gate?
④ My bag is missing.

정리 노트

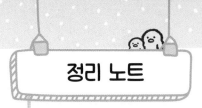

정리 노트

하루 한 장 쓰기노트

현지에서 바로 써먹는 여행 회화 패턴

가장 쉬운 여행 영어

동양북스

하루 한 장 쓰기노트

현지에서 바로 써먹는 여행 회화 패턴

가장 쉬운 여행 영어

동양북스

8주 완성! 학습 스케줄

PART 1

Day 01 ▶ mp3 W01

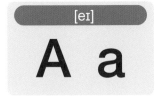

[eɪ]
A a A a A a A a

address 주소 address address

adult 성인 adult adult

airplane 비행기 airplane airplane

airport 공항 airport airport

arrive 도착하다 arrive arrive

[biː]
B b B b B b B b

bag 가방 bag bag

baggage 수하물 baggage baggage

blanket 담요 blanket blanket

boarding 탑승 boarding boarding

buy 사다 buy buy

 '알파벳(Alphabet)'이라는 이름은 그리스 알파벳의 첫 두 글자 이름인 '알파(alpha)'와 '베타(beta)'에서 유래되었다.

[si:]

C c   C c C c C c

cash 현금   cash cash

check 확인, 점검   check check

child 어린이   child child

chopsticks 젓가락   chopsticks chopsticks

credit card 신용 카드   credit card credit card

[di:]

D d   D d D d D d

delay 지연   delay delay

dinner 저녁 식사   dinner dinner

discount 할인   discount discount

drink 음료   drink drink

duty free 면세품   duty·free duty free

알파벳을 알면 발음이 쉬워진다. 모든 글자의 발음을 알게 되면 단어만 보고도 발음을 쉽게 소리 내어 말할 수 있게 된다.

[iː]
E e   E e E e E e

embassy 대사관 embassy embassy

empty 빈, 비어 있는 empty empty

entrance 입구 entrance entrance

exchange 교환 exchange exchange

exit 출구 exit exit

[ɛf]
F f   F f F f F f

fee 요금 fee fee

fever 열 fever fever

fish 생선 fish fish

flight 비행, 항공편 flight flight

floor 층 floor floor

우리가 처음 영어를 배울 때 만나게 되는 건 바로 알파벳이고, 이 알파벳은 A에서 Z까지 26자의 문자로 구성되어 있다.

Day 02 ▶ mp3 W02

[dʒiː]
G g   G g G g G g

give 주다 give give

gift 선물 gift gift

grocery store 식료품점 grocery store

guide 안내 guide guide

gallery 미술관 gallery gallery

[eɪtʃ]
H h   H h H h H h

headache 두통 headache headache

heating 난방 heating heating

hospital 병원 hospital hospital

hotel 호텔 hotel hotel

hurt 아프다 hurt hurt

 19세기 중반까지 알파벳은 27자였고, 'z' 바로 뒤에 '&'가 더 있었다고 한다.

I i [aɪ]

I i I i I i I i I i

ice 얼음 ice ice

iced coffee 아이스커피 iced coffee

iced water 얼음물 iced water

information 정보 information

injury 부상 injury injury

J j [dʒeɪ]

journey 여행 journey journey

job 일 job job

jacket 재킷, 상의 jacket jacket

jeans 청바지 jeans jeans

jewel 보석 jewel jewel

 알파벳 A와 I는 그 자체가 단어로 사용되기도 한다.
예를 들면 a book의 a 그리고 I am happy의 I가 그렇다.

[keɪ]

K k   K k K k K k

key 열쇠 key key

knee 무릎 knee knee

knife 칼 knife knife

knock 노크 knock knock

Korean 한국어 Korean Korean

[티]

L l   L l L l L l L l

large 큰, (양이) 많은 large

lost 잃어버린 lost lost

lost and found 분실물 센터 lost and found

luggage 수하물 luggage luggage

lunch 점심 (식사) lunch lunch

각 문자는 대문자와 소문자, 두 가지 방법으로 쓸 수 있다. 문장의 첫 번째 문자, 그리고 사람이나 장소 이름의 첫 번째 문자는 대문자로 쓴다.

Day 03 ▶ mp3 W03

[εm]
M m   M m M m M m

map 지도 map map

manager 운영자 manager manager

market 시장 market market

mistake 실수, 잘못 mistake mistake

more 더, 더 많은 more more

[εn]
N n   N n N n N n N n

nearest 가장 가까운 nearest

nice view 좋은 전망 nice view

noise 소음 noise noise

nonsmoking 금연의 nonsmoking

nut 견과 nut nut

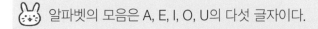 알파벳의 모음은 A, E, I, O, U의 다섯 글자이다.

O o [oʊ]

O o O o O o

one way 편도   one way   one way

onion 양파   onion   onion

open 열려 있는, 열다   open   open

option 선택   option   option

order 주문하다   order   order

P p [piː]

P p P p P p

park 공원   park   park

passport 여권   passport   passport

pay 지불하다   pay   pay

pillow 베개   pillow   pillow

police 경찰   police   police

알파벳의 자음은 21개 글자로, B, C, D, F, G, H, J, K, L, M, N, P, Q, R, S, T, V, W, X, Y, Z이다.

[kju:]
Q q Q q Q q Q q Q q

queen 여왕 queen queen

quarter 4분의 1 quarter quarter

question 질문 question question

quiet 조용한 quiet quiet

quite 꽤, 상당히 quite quite

[ar]
R r R r R r R r R r

receipt 영수증 receipt receipt

refund 환불 refund refund

reservation 예약 reservation reservation

restaurant 식당 restaurant restaurant

round trip 왕복 round trip round trip

약 3억 5천만 명의 사람들이 영어를 모국어로 사용하고 있다.

Day 04 ▶mp3 W04

[εs]

S s S s S s S s

sneakers 운동화 sneakers sneakers

soap 비누 soap soap

station 역 station station

stolen 도난당한 stolen stolen

subway 지하철 subway subway

[tiː]

T t T t T t T t

theater 극장 theater theater

ticket 표 ticket ticket

tour 관광 tour tour

tourist map 관광 지도 tourist map

transfer 환승 transfer transfer

> 영어를 모국어로 사용하는 나라는 미국, 영국, 캐나다, 호주, 아일랜드, 뉴질랜드 등이 있다.
> 그리고 5억 8천만 명 이상의 사람들은 제2외국어로 영어를 사용하고 있다.

[juː]
U u U u U u U u

umbrella 우산 umbrella umbrella

underground 지하철(영) underground

underwear 속옷 underwear underwear

university 대학교 university university

use 이용하다 use use

[viː]
V v V v V v V v

vacation 방학, 휴가 vacation vacation

valuables 귀중품 valuables valuables

video 동영상 video video

visa 비자 visa visa

visit 방문 visit visit

 알파벳을 배우면 글자를 읽을 수 있게 되고 새로운 단어를 쉽게 배울 수 있게 된다.
그리고 알파벳의 순서를 알게 되면 사전을 사용할 수 있게 된다.

W w [ˈdʌbəl juː]

W w W w W w W w

wait 기다리다 wait wait

wallet 지갑 wallet wallet

way out 출구, 나가는 곳 way out way out

wet wipe 물티슈 wet wipe wet wipe

window 창문 window window

X x [ɛks]

X x X x X x

X-Game 극한스포츠 X-Game X-Game

XL (의류 치수) 특대의 XL XL

XLNT excellent의 줄임말 XLNT XLNT

X-mas christmas의 줄임말 X-mas X-mas

X-ray 엑스레이 X-ray X-ray

 알파벳은 발음 하나하나를 연습하는 것보다는 단어로 연습을 해야 실제 상황에서 대화를 할 때 쉽게 적용해서 발음을 할 수 있다.

[waɪ]

Y y   Y y Y y Y y

year 연도, 년 year year

yellow 노란 yellow yellow

yesterday 어제 yesterday yesterday

yogurt 요구르트 yogurt yogurt

young 젊은 young young

[zɛd]

Z z   Z z Z z Z z

zero 제로, 영(0) zero zero

zebra 얼룩말 zebra zebra

zipper 지퍼 zipper zipper

zoo 동물원 zoo zoo

zookeeper 동물원 사육사 zookeeper zookeeper

영국 영어와 미국 영어에서 Z를 제외한 모든 알파벳 문자를 동일하게 발음한다. 영국에서는 '젣(zed)'라고 말하고 미국에서는 '지(zee)'라고 한다.

Crossword puzzle

★ ★ ★ ★ ★

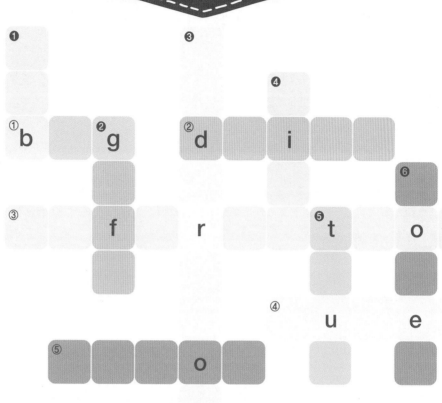

19

NOTE

PART 2

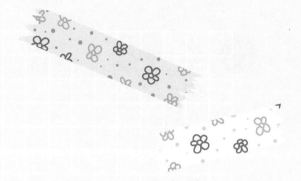

Day 05 ▶mp3 W05

문장 말하기

☑ **Hello!** 안녕하세요!

② Hello!

③ Hello!

☑ **What's your name?** 당신의 이름이 뭐예요?

② What's your name?

③ What's your name?

☑ **Good-bye!** 안녕히 가세요.

② Good-bye!

③ Good-bye!

 더 알아 보기

- **Let me introduce myself.**
  제 소개를 할게요.

- **This is Judy.**
  이 사람은 주디입니다.

- **This is my family.**
  제 가족입니다.

- **I have to go.**
  가봐야겠어요.

- **Take care.**
  잘 지내세요.

Day 06 ▶mp3 W06

문장 말하기

☑ **Thank you.**   감사합니다.

2 Thank you.

3 Thank you.

☑ **I'm happy.**   나는 행복해요.

2 I'm happy.

3 I'm happy.

☑ **It's Great.**   대단해요.

2 It's Great.

3 It's Great.

더 알아 보기

- **I'm delighted.**
  기뻐요.

- **I'm satisfied.**
  만족해요.

- **Cheer up!**
  힘내요!

- **I'm impressed.**
  감동받았어요.

- **I'm jealous of you.**
  부러워요.

- **I'm angry.**
  화나요.

- **I'm annoyed.**
  짜증나요.

- **Language!**
  말 조심해!

- **I want to cry.**
  울고 싶어요.

- **I'm disappointed.**
  실망했어요.

- **What a pity.**
  불쌍해요.

- **I'm scared.**
  무서워요.

- **I'm sad.**
  슬퍼요.

- **I'm nervous.**
  긴장돼요.

- **Calm down.**
  진정하세요.

Day 07 ▶mp3 W07

**문장
말하기**

☑ **I'm 25 years old.** 나는 25살입니다.

② I'm 25 years old.

③ I'm 25 years old.

☑ **It's 5 p.m.** 오후 5시입니다.

② It's 5 p.m.

③ It's 5 p.m.

☑ **The flight number is KE508.** 비행기 편명은 KE508입니다.

② The flight number is KE508.

③ The flight number is KE508.

**더 알아
보기**

0 zero	1 one	2 two	3 three	4 four
5 five	6 six	7 seven	8 eight	9 nine
10 ten	11 eleven	12 twelve	13 thirteen	14 fourteen
15 fifteen	16 sixteen	17 seventeen	18 eighteen	19 nineteen
20 twenty	30 thirty	40 forty	50 fifty	60 sixty
70 seventy	80 eighty	90 ninety	100 one hundred	
1,000 one thousand	10,000 ten thousand	100,000 one hundred thousand		

달러의 슬랭은 buck, 파운드의 슬랭은 quid인데,

예를 들면 'It's ten bugs', 'It's five quid'라고 하면 된다.

Day 08 ▶mp3 W08

 문장
말하기

☑ **I'm leaving on January 12th.**   1월 12일에 떠나요.

2️⃣ I'm leaving on January 12th.

3️⃣ I'm leaving on January 12th.

☑ **I was born in 1995.**   나는 1995년에 태어났어요.

2️⃣ I was born in 1995.

3️⃣ I was born in 1995.

☑ **It's 5 dollars.**   5달러입니다.

2️⃣ It's 5 dollars.

3️⃣ It's 5 dollars.

 더 알아
보기

기수 - 서수

one - first(1st)	eleven - eleventh(11th)	twenty one - twenty first (21st)
two - second(2nd)	twelve - twelfth(12th)	twenty two - twenty second (22nd)
three - third(3rd)	thirteen - thirteenth(13th)	twenty three - twenty third (23rd)
four - fourth(4th)	fourteen - fourteenth(14th)	twenty four - twenty fourth (24th)
five - fifth(5th)	fifteen - fifteenth(15th)	twenty five - twenty fifth (25th)
six - sixth(6th)	sixteen - sixteenth(16th)	twenty six - twenty sixth (26th)
seven - seventh(7th)	seventeen - seventeenth(17th)	twenty seven - twenty seventh (27th)
eight - eighth(8th)	eighteen - eighteenth(18th)	twenty eight - twenty eighth (28th)
nine - ninth(9th)	nineteen - nineteenth(19th)	twenty nine - twenty ninth (29th)
ten - tenth(10th)	twenty - twentieth(20th)	thirty - thirtieth (30th)

영어의 숫자는 기수와 서수로 나뉜다. 숫자 자체를 세는 것은 기수이고, 순서를 나타내는 것은 서수이다.

여기서 알아 두어야 할 점은 날짜를 말할 때는 서수로 읽는다는 것이다.

NOTE

PART 3

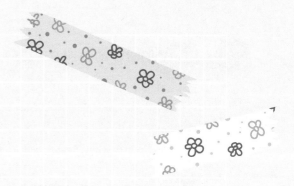

Day 09 ▶ mp3 W09

 문장
말하기

☑ **Where is my seat?** 제 자리는 어디예요?

② Where is my seat?

③ Where is my seat?

☑ **Is there an empty seat?** 빈 자리가 있나요?

② Is there an empty seat?

③ Is there an empty seat?

☑ **Put my bag up, please.** 가방 좀 올려 주세요.

② Put my bag up, please.

③ Put my bag up, please.

더 알아
보기

- **Coming through, please.**
  좀 지나갈게요.

- **May I recline my seat?**
  좌석을 뒤로 눕혀도 될까요?

- **Could you put your seat up please?**
  의자 좀 앞으로 당겨 주시겠어요?

- **Please pull down the shutters.**
  블라인드 좀 내려 주세요.

- **Don't kick my seat.**
  제 자리 차지 마세요.

28

Day 10

☑ **Get me some water, please.**　　　　물 좀 주세요.

② Get me some water, please.

③ Get me some water, please.

☑ **Beef, please.**　　　　쇠고기요.

② Beef, please.

③ Beef, please.

☑ **Do you have a blanket?**　　　　담요 있나요?

② Do you have a blanket?

③ Do you have a blanket?

- I'd like my meal later.
  식사는 나중에 할게요.

- Do you have snacks?
  간식 있나요?

- I'd like to buy in-flight duty-free goods.
  기내 면세품을 사고 싶어요.

- I feel sick.
  속이 안 좋아요.

- Turn off the light, please.
  불 좀 꺼 주세요.

Day 11

☑ **For pleasure.**   여행 왔어요.

② For pleasure.

③ For pleasure.

☑ **For two days.**   이틀이요.

② For two days.

③ For two days.

☑ **At the Hyatt Hotel.**   하얏트 호텔이요.

② At the Hyatt Hotel.

③ At the Hyatt Hotel.

더 알아
보기

- Can you get me a korean interpreter?
  통역 좀 불러주시겠어요?

- Where can I find my baggage?
  수하물(짐) 찾는 곳이 어딘가요?

- I can't find my luggage.
  짐을 못 찾겠어요.

- I have nothing to declare.
  신고할 게 없어요.

- This is Korean food.
  이건 한국 음식이에요.

Day 12

☑ **Where is the subway station?**　　　지하철역이 어디 있나요?

2 Where is the subway station?

3 Where is the subway station?

☑ **A subway map, please.**　　　지하철 노선도 좀 주세요.

2 A subway map, please.

3 A subway map, please.

☑ **Where is the information desk?**　　　안내소는 어디 있나요?.

2 Where is the information desk?

3 Where is the information desk?

- **Change this to dollars, please.**
  달러로 바꿔 주세요.

- **Make it in small bills, please.**
  잔돈으로 주세요.

- **Where is the nearest hotel?**
  가까운 호텔이 어디예요?

- **Is there a restroom nearby?**
  가까운 곳에 화장실이 있나요?

- **Where can I use the WiFi?**
  와이파이 사용가능 한 곳은 어딘가요?

NOTE

PART 4

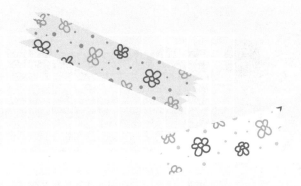

Day 13 ▶ mp3 W13

 문장 말하기

✓ **What line goes to the British Museum?** 몇 호선이 영국박물관으로 가나요?

2 What line goes to the British Museum?

3 What line goes to the British Museum?

✓ **Where do I get off for the 5th Avenue?** 5번가에 가려면 어디서 내리나요?

2 Where do I get off for the 5th Avenue?

3 Where do I get off for the 5th Avenue?

✓ **Which exit connects to the market?** 어느 출구가 시장과 연결되나요?

2 Which exit connects to the market?

3 Which exit connects to the market?

 더 알아 보기

- I have to go to Wimbledon station.
  윔블던역으로 가야 해요.

- How many stops are left to Waterloo?
  워털루역까지 몇 정거장 남았나요?

- May I sit here?
  여기 앉아도 될까요?

- What is the next station?
  다음 역은 어디예요?

- Where do I transfer?
  어디서 갈아타나요?

Day 14 ▶mp3 W14

☑ **Which bus goes to the Hilton Hotel?** 몇 번 버스가 힐튼 호텔에 가나요?

② Which bus goes to the Hilton Hotel?

③ Which bus goes to the Hilton Hotel?

☑ **How many stops to the library?** 도서관까지 몇 정거장이 남았나요?

② How many stops to the library?

③ How many stops to the library?

☑ **Is the next stop the bookstore?** 이번 정류장이 서점인가요?

② Is the next stop the bookstore?

③ IIs the next stop the bookstore?

- Where is the bus stop?
  버스 정류장이 어디예요?

- When will the next bus come?
  다음 버스는 언제 와요?

- Hold on. I'll get off.
  잠시만요, 내릴게요.

- Where can I buy a MetroCard?
  교통카드는 어디서 사나요?

- Where can I charge a MetroCard?
  교통카드는 어디서 충전하나요?

- Where can I get a refund on my MetroCard?
  교통카드는 어디서 환불하나요?

35

Day 15 ▶mp3 W15

☑ Take me to the airport. 공항으로 가 주세요.

② Take me to the airport.

③ Take me to the airport.

☑ How long does it take to the airport? 공항까지 얼마나 걸리나요?

② How long does it take to the airport?

③ How long does it take to the airport?

☑ Stop here. 여기 세워 주세요.

② Stop here, please.

③ Stop here, please.

- I'm late. Hurry up, please.
  늦었어요. 서둘러 주세요.

- Take the shortest route, please.
  빠른 길로 가 주세요.

- How much is it?
  얼마예요?

- The fare is way too much.
  요금이 너무 많이 나왔어요.

- Thank you. Keep the change.
  감사합니다. 거스름돈은 가지세요.

36

Day 16  mp3 W16

☑ **A ticket to Waterloo, please.**   위털루행 표 한 장 주세요.

② A ticket to Waterloo, please.

③ A ticket to Waterloo, please.

☑ **A ticket for 10 a.m., please.**   오전 10시 표로 주세요.

② A ticket for 10 a.m., please.

③ A ticket for 10 a.m., please.

☑ **How much is the second class?**   일반석은 얼마인가요?

② How much is the second class?

③ How much is the second class?

- At which platform should I get on for London?
  런던행은 몇 번 승강장에서 타나요?

- Is this train for London?
  이 기차가 런던행인가요?

- Is this seat taken?
  여기 자리 있나요?

- Where is the dining car?
  식당 칸은 어딘가요?

- Can I cancel this ticket?
  이 표를 취소할 수 있나요?

NOTE

PART 5

Day 17 ▶ mp3 W17

 문장
말하기

☑ **Check-in, please.**　　　　　　　　　　　체크인 할게요.

2 Check-in, please.

3 Check-in, please.

☑ **A single bed, please.**　　　　　　　　　싱글 침대로 할게요.

2 A single bed, please.

3 A single bed, please.

☑ **A high-floor room, please.**　　　　　고층 방으로 주세요.

2 A high-floor room, please.

3 A high-floor room, please.

더 알아
보기

- Do you have any rooms available?
  빈방 있어요?

- How much is it a night?
  하룻밤에 얼마예요?

- Is breakfast included?
  조식이 포함되어 있나요?

- I made a reservation under the name of Raina.
  레이나로 예약했어요.

- Please move my baggage to room.
  짐을 방으로 옮겨 주세요.

Day 18

 문장 말하기

☑ **What floor is the restaurant on?**   식당은 몇 층이에요?

② What floor is the restaurant on?

③ What floor is the restaurant on?

☑ **What time does the wine bar open?**   와인 바는 몇 시에 여나요?

② What time does the wine bar open?

③ What time does the wine bar open?

☑ **Please keep the key safe.**   열쇠를 안전하게 보관해 주세요.

② Please keep the key safe.

③ Please keep the key safe.

 더 알아 보기

- **What's the WiFi password?**
  와이파이 비밀번호가 뭐예요?

- **What time does breakfast start?**
  조식은 몇 시부터 하나요?

- **I forgot my room number.**
  제 방 번호를 잊어 버렸어요.

- **Please clean up my room.**
  제 방 청소 좀 해 주세요.

- **Do you have laundry service?**
  세탁 서비스가 있나요?

Day 19 ▶ mp3 W19

 문장 말하기

☑ **Some more towels, please.**　　　　　수건 좀 더 주세요.

② Some more towels, please.

③ Some more towels, please.

☑ **The remote control is not working.**　　리모콘이 안 돼요.

② The remote control is not working.

③ The remote control is not working.

☑ **The room is dirty.**　　　　　　　　방이 더러워요.

② The room is dirty.

③ The room is dirty.

 더 알아 보기

- Change the sheet, please.
  시트 좀 바꿔 주세요.

- I'd like to change rooms, please.
  다른 방으로 바꿔 주세요.

- The toilet is broken.
  변기가 고장 났어요.

- The water isn't running.
  물이 안 나와요.

- My room key is not working.
  룸키가 안 돼요.

Day 20 ▶ mp3 W20

문장 말하기

☑ **I'd like to check out.** 체크아웃할게요.

② I'd like to check out.

③ I'd like to check out.

☑ **Can I use the pool?** 수영장을 이용해도 되나요?

② Can I use the pool?

③ Can I use the pool?

☑ **Thank you, I had a great time.** 고맙습니다. 좋은 시간 보냈어요.

② Thank you, I had a great time.

③ Thank you, I had a great time.

더 알아 보기

- **I'd like to leave a day early.**
  하루 일찍 나가고 싶어요.

- **What's this charge for?**
  이건 무슨 요금인가요?

- **Receipt, please.**
  영수증 주세요.

- **Please call me a taxi.**
  택시 불러 주세요.

- **Where can I catch the shuttle bus?**
  공항 셔틀 버스는 어디서 타나요?

NOTE

PART 6

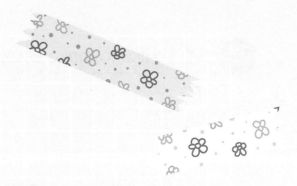

Day 21

☑ **I'd like to make a reservation.**   예약하고 싶어요.

② I'd like to make a reservation.

③ I'd like to make a reservation.

☑ **Can we have a table?**   자리 있나요?

② Can we have a table?

③ Can we have a table?

☑ **A window seat, please.**   창가 자리로 주세요.

② A window seat, please.

③ A window seat, please.

- **I'll change my reservation.**
  예약을 변경할게요.

- **I didn't make a reservation.**
  예약을 안 했어요.

- **I came alone.**
  혼자 왔어요.

- **How long do I have to wait?**
  얼마나 기다려야 해요?

- **Wipe the table, please.**
  테이블 좀 닦아 주세요.

Day 22 ▶ mp3 W22

 문장 말하기

☑ **What kind of soup do you have?** 수프는 어떤 게 있나요?

② What kind of soup do you have?

③ What kind of soup do you have?

☑ **Well-done, please.** 바짝 익혀 주세요.

② Well-done, please.

③ Well-done, please.

☑ **Still water, please.** 물(생수) 주세요.

② Still water, please.

③ Still water, please.

더 알아 보기

- Can I have the menu, please?
  메뉴판 주시겠어요?

- What's the most popular dish here?
  가장 인기 있는 메뉴는 뭐예요?

- I'll take this one.
  이걸로 할게요.

- I'd like a drink with my meal.
  음료는 식사와 함께 주세요.

- No peanuts, please.
  땅콩은 빼 주세요.

Day 23 ▶ mp3 W23

**문장
말하기**

☑ **The cup is dirty.** 컵이 더러워요.

② The cup is dirty.

③ The cup is dirty.

☑ **Is my drink almost ready?** 음료는 언제 나오나요?

② Is my drink almost ready?

③ Is my drink almost ready?

☑ **This is too salty.** 너무 짜요.

② This is too salty.

③ This is too salty.

**더 알아
보기**

- This is not what I ordered.
  제가 주문한 음식이 아니에요.

- There's something in the food.
  음식에 뭐가 있어요.

- I think the food is spoiled.
  음식이 상한 것 같아요.

- This steak is undercooked.
  스테이크가 덜 익었어요.

- This steak is overcooked.
  스테이크가 너무 익었어요.

Day 24 ▶mp3 W24

☑ **Check, please.**　　　　　　　　　　　　계산서 주세요.

② Check, please.

③ Check, please.

☑ **I didn't order the salad.**　　　　　샐러드는 주문하지 않았어요.

② I didn't order the salad.

③ I didn't order the salad.

☑ **Do you take cash?**　　　　　　　　　현금 되나요?

② Do you take cash?

③ Do you take cash?

- Can I have a to-go box, please?
  남은 음식 포장 좀 해 주세요.

- Here's a tip for you.
  이건 팁이에요.

- Keep the change.
  거스름돈은 가지세요.

- Does it include a tip?
  팁 포함인가요?

- I think the bill is wrong.
  계산서가 잘못된 거 같아요.

NOTE

PART 7

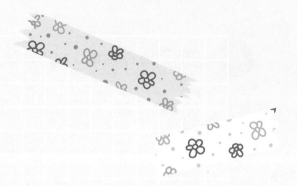

Day 25 ▶ mp3 W25

☑ **The combo number two, please.**   2번 세트 주세요.

② The combo number two, please.

③ The combo number two, please.

☑ **Can I have a Sprite instead of a Coke?** 콜라 대신 사이다로 주시겠어요?

② Can I have a Sprite instead of a Coke?

③ Can I have a Sprite instead of a Coke?

☑ **Some more straws, please.**   빨대 좀 더 주세요.

② Some more straws, please.

③ Some more straws, please.

- **For here, please.**
  여기서 먹을게요.

- **To go, please.**
  가지고 갈게요.

- **Large Coke, please.**
  콜라 큰 거로 주세요.

- **Can I get a refill, please?**
  리필 되나요?

- **Where do I put the tray?**
  쟁반은 어디에 두나요?

Day 26 ▶ mp3 W26

 문장
말하기

☑ **One americano, please.**   아메리카노 한 잔 주세요.

2 One americano, please.

3 One americano, please.

☑ **I'd like low-fat milk, please.**   저지방 우유를 넣어 주세요.

2 I'd like low-fat milk, please.

3 I'd like low-fat milk, please.

☑ **No whipped cream, please.**   휘핑크림은 빼 주세요.

2 No whipped cream, please.

3 No whipped cream, please.

더 알아
보기

● Do you have a decaf drink?
디카페인 음료 있나요?

● Do you have any kind of tea?
차 종류도 있나요?

● Can I get it in a mug?
머그잔에 주시겠어요?

● I'd like some more ice, please.
얼음 좀 더 넣어 주세요.

● Can I get a refill on my coffee?
커피 리필 되나요?

Day 27 ▶mp3 W27

 ☑ **Can I get a chicken sandwich?**   치킨 샌드위치 주시겠어요?

[2] Can I get a chicken sandwich?

[3] Can I get a chicken sandwich?

☑ **One bagel, Please.**   베이글 한 개 주세요.

[2] One bagel, Please.

[3] One bagel, Please.

☑ **I'd like strawberry jam.**   딸기잼으로 할게요. (딸기쨈을 발라 주세요.)

[2] I'd like strawberry jam.

[3] I'd like strawberry jam.

- One tuna sandwich to go, please.
  참치 샌드위치 하나 포장해 주세요.

- I'd like two scones and a cup of tea, please.
  스콘 두 개랑 차(티) 주세요.

- I'd like some more strawberry jam, please.
  딸기잼 더 주세요.

- Can I taste cream cheese?
  크림치즈 맛보기 가능한가요?

- I'd like to have a bagel with cream cheese, please.
  베이글에 크림치즈 발라 주세요.

Day 28 ▶mp3 W28

문장 말하기

☑ **Do you have draft beer?**　　　　　　　생맥주 있어요?

② Do you have draft beer?

③ Do you have draft beer?

☑ **What kind of wine do you have?**　　　와인은 어떤 게 있나요?

② What kind of wine do you have?

③ What kind of wine do you have?

☑ **A glass of wine, please.**　　　　　　와인 한 잔 주세요.

② A glass of wine, please.

③ A glass of wine, please.

더 알아 보기

- **Where is this wine from?**
  이 와인은 어디 건가요?

- **The beer is not cold.**
  맥주가 차갑지 않아요.

- **Can I have a meal?**
  식사도 되나요?

- **Cheers!**
  건배!

- **What time do you close?**
  몇 시에 문 닫나요?

55

NOTE

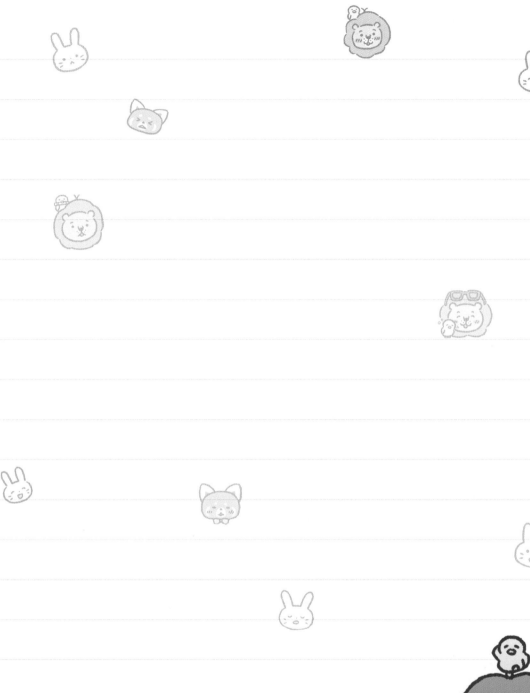

PART 8

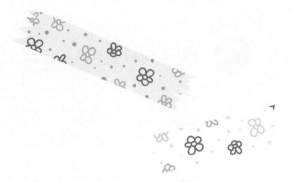

Day 29 ▶ mp3 W29

문장
말하기

☑ **Can I get a tourist map?** 관광 지도를 주시겠어요?

2 Can I get a tourist map?

3 Can I get a tourist map?

☑ **Do you have a map in Korean?** 한국어로 된 지도가 있나요?

2 Do you have a map in Korean?

3 Do you have a map in Korean?

관광 명소를 추천해 주시겠어요?

☑ **Can you recommend any tourist attractions?**

2 Can you recommend any tourist attractions?

3 Can you recommend any tourist attractions?

더 알아
보기

- **Where is the tourist information office?**
  관광 안내소는 어디에 있나요?

- **Do you have any city tours?**
  시내 관광(프로그램)이 있나요?

- **How long is this tour?**
  관광 시간이 얼마나 걸리나요?

- **Can I make a reservation here?**
  여기서 예약할 수 있나요?

- **What's the specialty here?**
  여기 특산품은 뭔가요?

Day 30 ▶mp3 W30

문장
말하기

☑ **How much is the admission fee?**　　　　입장료가 얼마예요?

② How much is the admission fee?

③ How much is the admission fee?

☑ **Two adults, please.**　　　　성인 2명이요.

② Two adults, please.

③ Two adults, please.

☑ **Can I get a discount for students?**　　　　학생 할인이 되나요?

② Can I get a discount for students?

③ Can I get a discount for students?

**더 알아
보기**

- **When do you open?**
  몇 시에 문 열어요?

- **When do you close?**
  몇 시에 문 닫아요?

- **Do you have a night tour?**
  야간 관광(프로그램)도 있나요?

- **Where can I get the Korean audio guide?**
  한국어 오디오 가이드는 어디서 받나요?

- **Where is the souvenir shop?**
  기념품 가게는 어디에 있나요?

Day 31  mp3 W31

 문장 말하기

☑ **Can you take a picture of me?**　　　사진 좀 찍어 주시겠어요?

2 Can you take a picture of me?

3 Can you take a picture of me?

☑ **Can I take a picture here?**　　　여기서 사진 찍어도 되나요?

2 Can I take a picture here?

3 Can I take a picture here?

건물이 (배경으로) 나오게 찍어 주세요.

☑ **Get the building in the background, please.**

2 Get the building in the background, please.

3 Get the building in the background, please.

 더 알아 보기

- **Let's take a picture together.**
  같이 사진 찍어요.

- **Press this button.**
  이 버튼을 누르세요.

- **Are you ready?**
  준비 됐나요?

- **Look ahead.**
  앞을 보세요.

- **I'll count to three.**
  셋을 셀게요.

- **Stay still and say cheese!**
  자 움직이지 말고, "치~즈" 하세요!

Day 32 ▶ mp3 W32

☑ **What is today's show?**   오늘 공연은 뭐예요?

② What is today's show?

③ What is today's show?

☑ **Can I have a ticket for today's show?**   오늘 공연 표를 한 장 주시겠어요?

② Can I have a ticket for today's show?

③ Can I have a ticket for today's show?

☑ **I'd like a seat on the first floor.**   1층 좌석으로 1장 주세요.

② I'd like a seat on the first floor.

③ I'd like a seat on the first floor.

- How long is the show?
  공연 시간이 얼마나 되나요?

- Is there an intermission?
  휴식 시간이 있나요?

- Am I allowed to bring food inside?
  안으로 음식을 가져갈 수 있나요?

- I can't see it. Please sit down.
  안 보여요, 앉아 주세요.

NOTE

PART 9

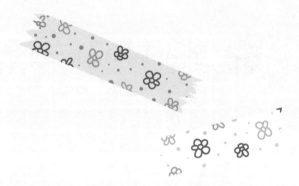

Day 33 ▶mp3 W33

 문장 말하기

☑ **I'm looking for a shirt.**　　　셔츠를 찾고 있어요.

② I'm looking for a shirt.

③ I'm looking for a shirt.

☑ **Small size, please.**　　　작은 치수로 주세요.

② Small size, please.

③ Small size, please.

☑ **I'll try this on.**　　　이거 입어(신어) 볼게요.

② I'll try this on.

③ I'll try this on.

더 알아 보기

- I'm just browsing. (=I'm just looking around.)
  그냥 둘러 보고 있어요.

- Where is the fitting room?
  탈의실은 어디 있나요?

- Do you have this in a different color?
  다른 색도 있나요?

- I'll come back another time.
  다음에 다시 올게요.

- Do I look good on this shirt?
  이 셔츠 나한테 잘 어울려요?

Day 34 ▶ mp3 W34

문장
말하기

☑ **Where is the shopping cart?**　　　　쇼핑 카트는 어디 있나요?

② Where is the shopping cart?

③ Where is the shopping cart?

☑ **Where is the fruit section?**　　　　과일 코너는 어디예요?

② Where is the fruit section?

③ Where is the fruit section?

☑ **I'm looking for milk.**　　　　우유를 찾고 있어요.

② I'm looking for milk.

③ I'm looking for milk.

 더 알아
보기

- Can I taste it?
  이거 시식해도 되나요?

- What's on sale today?
  오늘 세일 상품이 뭔가요?

- There's no bread left.
  빵이 남은 게 없어요.

- When is the expiration date?
  유통기한이 언제까지예요?

- Can I have a plastic bag, please?
  비닐봉지 하나 주시겠어요?

Day 35 ▶ mp3 W35

문장 말하기

☑ **How much are the pants?**   바지는 얼마예요?

2 How much are the pants?

3 How much are the pants?

☑ **How much is it in total?**   모두 다 해서 얼마예요?

2 How much is it in total?

3 How much is it in total?

☑ **I'll pay by credit card.**   신용 카드로 계산할게요.

2 I'll pay by credit card.

3 I'll pay by credit card.

더 알아 보기

- I'll take this one.
  이것으로 할게요.

- Where do I pay?
  계산은 어디서 하나요?

- Receipt, please.
  영수증 주세요.

- The bill is wrong.
  계산이 잘못 됐어요.

- Can I get this gift-wrapped, please?
  선물 포장해 주시겠어요?

Day 36 ▶mp3 W36

문장
말하기

☑ **Can I get a refund?**   환불해 주시겠어요?

2️⃣ Can I get a refund?

3️⃣ Can I get a refund?

☑ **It's torn.**   찢어져 있어요.

2️⃣ It's torn.

3️⃣ It's torn.

☑ **I'd like to exchange it.**   다른 것으로 바꾸고 싶어요.

2️⃣ I'd like to exchange it.

3️⃣ I'd like to exchange it.

더 알아
보기

- Until when can I get an exchange?
  교환은 언제까지 가능해요?

- I didn't even use it.
  심지어 사용도 안 했어요.

- I changed my mind.
  마음이 바뀌었어요.

- It doesn't fit me.
  사이즈가 안 맞아서요.

- There's a stain on the shirt.
  셔츠에 얼룩이 있어요.

NOTE

PART 10

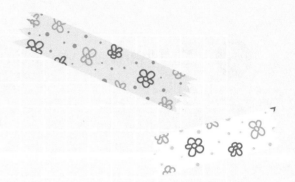

Day 37 ▶ mp3 W37

 문장
말하기

☑️ **Where are you from?** 어디서 오셨어요?

2️⃣ Where are you from?

3️⃣ Where are you from?

☑️ **Are you American?** 미국 사람인가요?

2️⃣ Are you American?

3️⃣ Are you American?

☑️ **Is this your first time here?** 이곳은 처음이에요?

2️⃣ Is this your first time here?

3️⃣ Is this your first time here?

더 알아
보기

- **May I ask you a question?**
  뭐 좀 물어봐도 될까요?

- **I want to be your friend.**
  친구가 되고 싶어요.

- **You know a lot about Korea.**
  한국에 대해 많이 알고 계시네요.

- **How long are you going to stay?**
  얼마동안 머무르실 거예요?

- **When are you leaving?**
  언제 떠나나요?

Day 38 ▶mp3 W38

문장
말하기

☑ **I'm Raina.**　　　　　　　　　　　나는 레이나예요.

② I'm Raina.

③ I'm Raina.

☑ **I am a student.**　　　　　　　　　나는 학생이에요.

② I am a student.

③ I am a student.

☑ **I like exercising.**　　　　　　　　나는 운동을 좋아해요.

② I like exercising.

③ I like exercising.

더 알아
보기

- That's cool.
  멋지네요.

- That's so sweet of you.
  친절하시네요.

- That's great.
  대단하시네요.

- It's fantastic.
  환상적이에요.

- It's awesome.
  굉장하네요.

Day 39 ▶mp3 W39

 문장 말하기

☑ **Do you like movies?** 영화 좋아해요?

2 Do you like movies?

3 Do you like movies?

☑ **What kind of books do you like?** 어떤 책을 좋아해요?

2 What kind of books do you like?

3 What kind of books do you like?

☑ **Who is your favorite singer?** 좋아하는 가수는 누구예요?

2 Who is your favorite singer?

3 Who is your favorite singer?

더 알아 보기

• **What's your star sign?**
별자리가 뭐예요?

• **When is your birthday?**
생일이 언제예요?

• **Do you have any hobbies? (=What do you do in your free time?)**
취미가 뭐예요?

• **What are you good at?**
뭘 잘하세요? (특기가 뭐예요?)

• **What do you do?**
무슨 일을 하세요?

Day 40 ▶ mp3 W40

문장 말하기

☑ **What's your phone number?** 전화번호가 어떻게 되나요?

2 What's your phone number?

3 What's your phone number?

☑ **Are you on Facebook?** 페이스북 하세요?

2 Are you on Facebook?

3 Are you on Facebook?

☑ **I'll write you a letter.** 편지 쓸게요.

2 I'll write you a letter.

3 I'll write you a letter.

더 알아 보기

- Do you use social media?
  SNS 하세요?

- What social media do you use?
  SNS 어떤 거 하세요?

- Thanks for the add.
  친구 추가 고마워요.

- I posted a picture.
  사진 올렸어요.

- I sent the picture by email.
  메일로 사진 보냈어요.

NOTE

PART 11

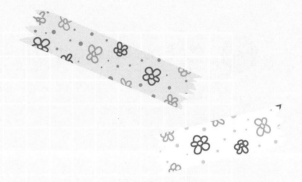

Day 41  mp3 W41

 문장 말하기

☑ ## How can I get to this address?
이 주소로 어떻게 가나요?

2 How can I get to this address?

3 How can I get to this address?

☑ ## Is this the right way to the grocery store?
이 길이 마트로 가는 길이 맞나요?

2 Is this the right way to the grocery store?

3 Is this the right way to the grocery store?

☑ ## How long does it take on foot?
걸어서 얼마나 걸려요?

2 How long does it take on foot?

3 How long does it take on foot?

 더 알아 보기

- I'm not good at English.
  제가 영어를 잘 못해요.

- What's the name of this street?
  이 거리 이름이 뭐예요?

- How long does it take?
  얼마나 걸리나요?

- Can you draw me a rough map?
  약도 좀 그려주실 수 있나요?

- I'm traveling around here, please help me.
  이곳을 여행 중이에요, 도와주세요.

Day 42 ▶ mp3 W42

문장
말하기

☑ **Where is the lost and found?**　　　　분실물 센터는 어디에 있나요?

② Where is the lost and found?

③ Where is the lost and found?

☑ **I lost my cellphone.**　　　　휴대전화를 잃어 버렸어요.

② I lost my cellphone.

③ I lost my cellphone.

☑ **I have a wallet in my bag.**　　　　가방 안에 지갑이 있어요.

② I have a wallet in my bag.

③ I have a wallet in my bag.

더 알아
보기

- Have you seen my phone?
  제 휴대전화 못 보셨어요?

- I tried to find it, but I couldn't.
  아무리 찾아봐도 없어요.

- I want to report a theft.
  도난 신고를 하고 싶어요.

- I don't remember where I lost it.
  어디서 잃어 버렸는지 기억이 안 나요.

- If you find my wallet, please contact me.
  지갑을 찾으면 연락 주세요.

- I found it! here it is!
  찾았어요! 여기 있어요!

Day 43 ▶mp3 W43

문장
말하기

☑ **I have a stomachache.**　　　　　　　　배가 아파요.

② I have a stomachache.

③ I have a stomachache.

☑ **My legs hurt.**　　　　　　　　다리가 아파요.

② My legs hurt.

③ My legs hurt.

☑ **I'd like some cold medicine.**　　　　　　　　감기약 주세요.

② I'd like some cold medicine.

③ I'd like some cold medicine.

더 알아
보기

● Can I continue the trip?
여행을 계속해도 될까요?

● I think I ate some spoiled food.
상한 음식을 먹은 것 같아요.

● I've been sick since yesterday.
어제부터 아팠어요.

● I'd like to get a doctor's certificate and receipt for insurance.
보험을 위해 진단서와 영수증을 받고 싶어요.

● It hurts here.
여기가 아파요.

Day 44 ▶ mp3 W44

문장 말하기

✉ **Please call the police.**   경찰을 불러 주세요.

② Please call the police.

③ Please call the police.

✉ **I got a car accident!**   교통사고가 났어요.

② I got a car accident!

③ I got a car accident!

✉ **There was an accident near the City Hall.** 시청 근처에서 사고가 났어요.

② There was an accident near the City Hall.

③ There was an accident near the City Hall.

 더 알아 보기

- **Someone is hurt here!**
  여기 사람이 다쳤어요!

- **No one's hurt.**
  다친 사람은 없어요.

- **One woman is bleeding.**
  한 여자가 피를 흘리고 있어요.

- **I want you to be my witness.**
  목격자가 되어 주세요.

- **Please call a tow truck.**
  견인차를 불러 주세요.

NOTE

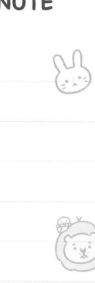

PART 12

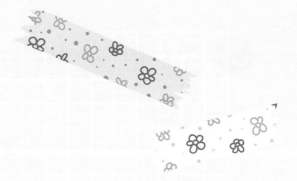

Day 45 ▶mp3 W45

**문장
말하기**

☑ **I'd like to book a flight to Incheon.**　　　인천행 비행기로 예약하고 싶어요.

② I'd like to book a flight to Incheon.

③ I'd like to book a flight to Incheon.

☑ **A one way, please.**　　　편도로 한 장 주세요.

② A one way, please.

③ A one way, please.

☑ **How much is the fare?**　　　요금이 얼마예요?

② How much is the fare?

③ How much is the fare?

**더 알아
보기**

- **Is there a nonstop flight?**
  직항 있나요?

- **how long should I wait at the layover?**
  경유지에서는 얼마나 기다려야 하나요?

- **Please put me on the waiting list.**
  대기자 명단에 올려 주세요.

- **How many people are on the waiting list?**
  대기자가 몇 명 있나요?

Day 46 ▶ mp3 W46

 문장 말하기

☑ **I'd like to change my flight.**   항공편을 변경하고 싶어요.

② I'd like to change my flight.

③ I'd like to change my flight.

☑ **I'd like to leave a day early.**   하루 일찍 떠나려고요.

② I'd like to leave a day early.

③ I'd like to leave a day early.

출발 날짜를 3월 2일로 변경할게요.

☑ **I'll change the departure date to March 2nd.**

② I'll change the departure date to March 2nd.

③ I'll change the departure date to March 2nd.

 더 알아 보기

- I'd like to confirm my reservation.
  예약을 확인하고 싶어요.

- Is there any fee for a reservation change?
  예약 변경 수수료가 있나요?

- Do you have any seats available?
  좌석이 있나요?

- Can I have my seat upgraded?
  좌석 업그레이드 되나요?

- What is the arrival time?
  도착 시간은 언제인가요?

Day 47  mp3 W47

문장
말하기 ☑ **I'd like a window seat, please.**

창가 자리로 주세요.

[2] I'd like a window seat, please.

[3] I'd like a window seat, please.

런던항공 카운터는 어디에 있나요?

☑ **Where is the London Airline counter?**

[2] Where is the London Airline counter?

[3] Where is the London Airline counter?

☑ **How many bags can I check in?** 가방을 몇 개 부칠 수 있나요?

[2] How many bags can I check in?

[3] How many bags can I check in?

 더 알아
보기

- Would you credit my miles?
  마일리지 적립해 주시겠어요?

- When does the boarding start?
  탑승은 언제부터 하나요?

- How many kilos can I check in?
  짐이 몇 킬로까지 가능해요?

- Can I take this on the plane?
  이것을 기내에 가져갈 수 있나요?

Day 48 ▶ mp3 W48

 문장 말하기

☑ **When is the boarding time?**   탑승 시각이 언제인가요?

② When is the boarding time?

③ When is the boarding time?

☑ **Where is the airport lounge?**   공항 라운지는 어디예요?

② Where is the airport lounge?

③ Where is the airport lounge?

☑ **My bag is missing.**   제 가방이 없어졌어요.

② My bag is missing.

③ My bag is missing.

더 알아 보기

- **I missed my flight.**
  비행기를 놓쳤어요.

- **Can I take the next flight?**
  다음 항공편을 탈 수 있나요?

- **Where can I catch a London Airline flight to Incheon?**
  인천행 런던항공은 어디서 타나요?

- **Why is boarding delayed?**
  탑승이 왜 지연되나요?

- **Which gate should I go to?**
  어느 게이트로 가야 하나요?

NOTE

NOTE